테스트 너머의 QA 엔지니어링

KB199201

테스트 너머의 QA 엔지니어링

ⓒ 2025. 김명관 All rights reserved.

1판 1쇄 발행 2025년 1월 2일

지은이 김명관
펴낸이 장성두
펴낸곳 주식회사 제이펍

출판신고 2009년 11월 10일 제406-2009-000087호
주소 경기도 파주시 회동길 159 3층 / **전화** 070-8201-9010 / **팩스** 02-6280-0405
홈페이지 www.jpub.kr / **투고** submit@jpub.kr / **독자문의** help@jpub.kr / **교재문의** textbook@jpub.kr

소통기획부 김정준, 이상복, 안수정, 박재인, 송영화, 김은미, 배인혜, 권유라, 나준섭
소통지원부 민지환, 이승환, 김정미, 서세원 / **디자인부** 이민숙, 최병찬

기획 및 진행 권유라 / **교정·교열** 이정화 / **삽화** 정진호 / **표지 및 내지 디자인** nu:n
용지 에스에이치페이퍼 / **인쇄** 한승문화사 / **제본** 일진제책사

ISBN 979-11-93926-78-9 (93000)
책값은 뒤표지에 있습니다.

※ 이 책은 저작권법에 따라 보호를 받는 저작물이므로 무단 전재와 무단 복제를 금지하며,
　이 책 내용의 전부 또는 일부를 이용하려면 반드시 저작권자와 제이펍의 서면 동의를 받아야 합니다.
※ 잘못된 책은 구입하신 서점에서 바꾸어드립니다.

제이펍은 여러분의 아이디어와 원고를 기다리고 있습니다. 책으로 펴내고자 하는 아이디어나 원고가 있는
분께서는 책의 간단한 개요와 차례, 구성과 지은이/옮긴이 약력 등을 메일(submit@jpub.kr)로 보내주세요.

QA가 되는 법부터 QA의 역할과 사고방식,
품질 강화 및 버그 예방 방법, 포트폴리오 만들기까지

테스트 너머의 QA

엔지니어링

김명관
지음

품질을 넘어 가치를 창출하는
QA 엔지니어의 비밀

Jpub
제이펍

※ 드리는 말씀

- 이 책에 기재된 내용을 기반으로 한 운용 결과에 대해 지은이, 소프트웨어 개발자 및 제공자,
  제이펍 출판사는 일체의 책임을 지지 않으므로 양해 바랍니다.

- 이 책에 등장하는 회사명, 제품명은 일반적으로 각 회사의 등록상표 또는 상표입니다.
  본문 중에는 TM, ©, ® 등의 기호를 생략했습니다.

- 이 책에서 소개한 URL 등은 시간이 지나면 변경될 수 있습니다.

- 책의 내용과 관련된 문의사항은 지은이나 출판사로 연락해주시기 바랍니다.
  - 지은이: mib1123@naver.com
  - 출판사: help@jpub.kr

차례

QA 엔지니어로서의 가치 알리기 167

 ## QA 실무 181

베타리더 후기

테스트 엔지니어와 QA 엔지니어 직무가 어떤 것인지에 대해 정말 상세히 이야기해주는 책입니다. 테스트 엔지니어, QA 엔지니어와 협업하는 디자이너, 기획자, 개발자에게도 높은 퀄리티의 제품을 만들어내는 데 필요한 인사이트를 제공해주는 이야기로 가득합니다. 특히 저자의 '직무'를 대하는 자세에 대한 설명은 이 책의 백미가 아닐까 합니다.

_김호준(씨큐엔에이)

개발자로서 QA 엔지니어와 함께 일해왔지만, 그 역할과 책임에 대해 명확히 이해하지 못했습니다. 이 책은 좋은 QA 엔지니어란 무엇인가에 대해 깊이 탐구합니다. 저자는 책의 처음부터 끝까지 독자에게 끊임없이 질문을 던지며, 책을 마무리할 즈음에는 독자가 좋은 QA 엔지니어가 되기 위해 나아가야 할 방향을 깨닫고, 마음속에 이정표를 그릴 수 있게 해줍니다. QA 엔지니어와 함께 일하는 다른 직군들도 QA 엔지니어와 협업하는 방법에 대한 시야를 넓힐 수 있습니다.

_김효진(에스지코드랩)

테스트 너머의 QA 엔지니어링

초급 QA 엔지니어에게 정말 좋은 길잡이가 될 것 같습니다. 또한, 책을 통해 테스트와 QA가 왜 필요한지 이해할 수 있어서 개발자나 기획자에게도 많은 도움이 될 것 같습니다.

_신진규(프리랜서)

QA 업무를 하고 있거나 이제 막 시작하려는 분들의 고민을 덜어줄 수 있는 책입니다. 품질 향상이라는 막연한 개념에서 벗어나 그 자세한 방법에 대한 가이드와 QA 엔지니어로서의 마음가짐을 알려줍니다.

_윤병조(소프트웨어 개발자)

프로덕트 리더로 일하면서 QA에 대해서는 항상 골치가 아팠습니다. QA 엔지니어와 어떻게 커뮤니케이션해야 하는지 알려주는 이도 없었지만, 어떻게 물어봐야 할지도 몰랐기 때문입니다. 저자는 QA 엔지니어로서 어떻게 대화해야 할지 가이드를 주면서, 기존에 알지 못했던 QA 엔지니어링에 대해서 이해하기 쉽게 알려줍니다. 차 한잔 마시면서 읽기 좋을 만큼 내용을 쉽게 전달하는 이 책을 모든 개발자에게 추천합니다.

_이봉호(우아한형제들)

QA 직무에 대한 오해를 풀고, 주니어 테스터와 QA 엔지니어들이 직면하는 현실적인 문제와 고민을 잘 짚어주고 그에 대한 해결책과 성장 로드맵을 제시하는 책입니다. 특히, QA가 단순한 테스터가 아니라 품질 보증의 중심 역할을 하는 엔지니어임을 강조하는 부분이 좋았습니다. 실제 업무에 바로 적용할 수 있는 체크리스트와 도구 목록도 유용했습니다. QA를 꿈꾸는 분들에게 강력 추천합니다.

_이석곤(아이알컴퍼니)

QA 업무를 시작하거나 QA 엔지니어가 어떤 일을 하는지 궁금한 사람들에게 입문서로 좋습니다. 쉽게 읽을 수 있고 저자의 실제 경험이 담겨 있어 도움이 될 만한 책입니다.

_이용진(SAP LABS)

QA 엔지니어 직군에 머무르다 보면, 내가 어떻게 해야 더 나은 방면으로 발전할 수 있을지 고민이 됩니다. 그럴 때 어떻게 앞으로 나아가고 무엇을 고민해야 할지에 대해서 스토리를 바탕으로 잘 기술한 책입니다. 미래를 고민하는 테스터라면 꼭 한번 읽어보기를 추천합니다.

_이원국(한국과학기술원)

QA 엔지니어는 제품의 핵심 가치인 사용자 만족을 보장하는 중요한 역할을 담당하지만, 단지 테스트를 수행하는 역할로만 인식되는 경우가 많습니다. 이 책의 저자는 그런 오해를 풀어주며, QA 엔지니어 역시 직무에 대한 자부심을 가지고 개발 프로세스 전반에 기여할 수 있음을 강조하고 있습니다. 이 책을 통해 QA 직무의 중요성에 대한 공감대가 더 널리 형성되고, 현장에서 그 역할이 더욱 고도화되기를 기대합니다.

_이현수(스튜디오 킹덤)

QA 엔지니어의 일이 무엇인지, 좋은 QA 엔지니어가 되기 위해서는 무엇을 해야 하는지를 자세하고 친절하게 설명하는 책입니다. QA가 낯선 독자를 위해 QA 엔지니어와 테스터의 역할과 차이를 안내하고, 주니어 QA 엔지니어가 가질 수 있는 다양한 현실 고민에 명료한 해답을 알려줍니다. QA 엔지니어링에 대해 알고 싶은 모든 분에게 추천합니다.

_임승민(씨에스리)

단순 테스터가 아닌 QA 엔지니어로 업무에 임하는 자세와 고려 사항에 대해 알려주는 책입니다. 이 책을 통해 테스터와 QA 엔지니어의 차이를 구분할 수 있게 되었고, QA 직무를 더 잘 이해할 수 있게 되었습니다. QA 엔지니어를 꿈꾸는 이들이 자부심을 가지고 전문성을 키워갈 수 있도록 친근한 선배의 마음으로 진솔한 조언을 해주는 느낌을 받았습니다.

_정태일(삼성SDS)

테스트 커버리지가 100%가 된다고 해서 결함이 없다고 볼 수는 없습니다. 이 결함이 장애로 전파되기 전에 찾는 게 중요하며, 이 일은 보통 테스터나 QA 엔지니어가 맡습니다. 이 책은 테스터에서 QA 엔지니어로 전향하는 분이나 저연차 QA 엔지니어분들에게 적합합니다. 코드 레벨이나 구체적인 설명이 담긴 전문서는 아니며, 직무에 대한 저자의 경험이 담긴 자기계발서에 가까운 책입니다. 저자가 저연차 때 했던 실수와 회고를 통해서 많은 영감을 얻을 수 있었습니다.

_황시연(엘로스)

제이펍은 책에 대한 애정과 기술에 대한 열정이 뜨거운 베타리더의 도움으로 출간되는 모든 IT 전문서에 사전 검증을 시행하고 있습니다.

머리말

처음 테스터로 경력을 시작했던 시절에 비해 현재는 전문 테스터나 QA(품질 보증)quality assurance 엔지니어의 위상이 많이 달라졌음을 체감합니다. 국내에서도 여러 동료분들의 노력으로 QA 엔지니어를 위한 콘퍼런스와 같은 이벤트가 생기고, 다양한 기업에서 QA 엔지니어 간의 교류가 활발해졌습니다. 그리고 점점 더 많은 테스팅, QA 직무 강의가 진행되고 있습니다. 저 또한 테스트 자동화 강의를 진행하고 있으며, 많은 테스터와 QA 엔지니어분들을 수강생으로 만나고 있습니다. 이분들과 이야기를 나누거나 QA 커뮤니티에서 오가는 이야기를 듣다 보면 처우 또한 다른 직업군과의 차이를 좁혀가고 있다는 생각이 듭니다.

하지만 "QA 엔지니어는 테스터가 아니다"라는 말을 다른 동료들에게 이해시키는 것은 여전히 쉽지 않습니다. QA 엔지니어 사이에서 하는 자조적인 농담으로 "기술을 더 배워 개발자를 해야 한다", "국내가 아닌 해외에서 QA 엔지니어를 해야 제대로 대우를 받는다" 같은 말들이 퍼지게 되는 이유는 현업에 있는 많은 동료들이 체감하기에는 아직도 QA에

테스트 너머의 QA 엔지니어링

대한 인식이 예전과 많이 달라지지 않았음을 보여주고 있기 때문인 듯합니다.

이 때문에 많은 QA 엔지니어는 자신의 업무가 단순하고 반복적이며 발전 가능성이 없다는 오해를 하게 됩니다. 내가 선택한 직무가 나의 인생을 책임질 수 있을지 의심하고 결국 자부심을 느끼지 못하게 되어 발전하려는 의욕을 잃고 맙니다. 심한 경우 업계를 떠나기도 하죠. QA 엔지니어와 테스터는 분명히 다른 직무라는 것을 현직에 있는 사람들은 모두 알고 있을 것입니다. 그럼에도 직무에 대한 고민과 오해가 지속되는 것이 업계를 떠나는 이유가 된다고 생각하지 않습니다. 그저 주변에 'QA는 어떤 직무인가?', '훌륭한 QA 엔지니어는 어떻게 일해야 하는가?', '경쟁력 있는 QA 엔지니어는 어떤 자세를 갖춰야 하는가?'와 같은 질문에 좋은 답을 주는 사람이 없었기 때문이겠죠. "QA 엔지니어는 테스터가 아닙니다!"라고 말은 하지만 테스터와 같이 일할 수밖에 없는 상황에서 혼란만 느끼고 있었을 것입니다.

필자는 2년 차에 테스터에서 QA 엔지니어로 직무를 전환하게 되었습니다. 그러나 테스터였던 때와 별다를 것 없는 업무를 하는 현실에 고민하던 때가 있었습니다. 운이 좋게도 그때 저의 곁에는 업무적으로 훌륭한 QA 엔지니어가 계셨고 그분께 질문을 드린 적이 있습니다. "QA 엔지니어가 어떤 일을 해야 하는 건지 잘 모르겠어요. 제품이 나오길 기다리고, 테스트를 하고 제품을 배포하는 게 전부인가요?" 필자가 입사 후 첫 독대를 요청했던 그분은 제가 이 문제에 대해 심각하게 고민하고 있다고 느끼셨는지 평소와 달리 진지하게 다양한 이야기를 해주셨고, 지금까지 기억에 남는 최고의 답변을 주셨습니다.

"QA 엔지니어는 매 순간 품질을 향상할 수 있는 모든 일을 고민해야 한다." 명확하게 '무엇'을 해야 한다는 답변은 아니지만 지금까지도 저는 그분의 대답이 정답이라고 생각하고 그렇게 행동하고 있습니다. 그분의 소신 있는 답변 덕분에 저는 지금도 QA 엔지니어로서 사명감을 가지고 즐겁게 일하고 있습니다. 항상 더 나은 품질 향상 업무를 찾아 떠나면서요.

필자의 수강생들로부터 종종 "직무에 확신이 들지 않는다", "업무에 어떤 자세로 임해야 할지 모르겠다" 같은 고민들을 듣곤 합니다. 한 분 한 분께 상담을 해드리다 문득 제 강의를 듣는 수강생들만의 고민이 아닐 수도 있겠다는 생각이 들었습니다. 어쩌면 우리 업계의 수많은 동료가 똑같은 고민을 하다 이 업계를 떠나고 있는 건 아닐까요?

같은 고민을 하는 많은 동료 테스터와 QA 엔지니어분들께 이 책이 고민에 대한 답이 되고, 걱정에 대한 위로와 답답함에 대한 확신이 되었으면 좋겠습니다. 이 책은 훌륭한 QA 엔지니어가 되기 위해서 어떤 툴을 사용할 줄 알아야 하는지, 어떤 로드맵이나 기술적인 스킬을 갖춰야 하는지 등의 내용을 담지 않았습니다. 좋은 테스터, 훌륭한 QA 엔지니어가 되기 위해 갖춰야 할 마음가짐, 행동에 관한 이야기를 담았습니다. 사견으로 가득한 이 책이 여러분에게 소신 있는 명쾌한 해답이 되고, 또 여러분 스스로 답을 찾을 수 있는 길잡이가 되어 QA 직무에 대한 인식과 위상을 더 높이는 데 도움이 되기를 바랍니다.

이 책을 쓰는 지금까지 저의 행복한 QA 활동에 함께했던 모든 분께 감사를 전합니다.

김명관

테스트 너머의 QA 엔지니어링

먼저 필자의 이야기로 시작해보겠다. 20대 후반이라는 비교적 늦은 나이에 IT 업계에 발을 들이게 되었다. 처음 테스터로서 취업을 한 뒤 테스터라는 직무에 대해 정말 많은 고민을 했다. 그 업무가 너무 단순하고 반복적인 기능 테스트에 국한되어 있었으며 정규직이 아닌 계약직이었기 때문이다. 개발자가 만든 제품을 전달받아 매일 수백 개에서 수천 개의 TC(테스트 케이스)test case[1]를 따라 기능 테스트만 수행하는 직무가 과연 내 미래를 책임질 수 있을 정도로 유망한 것인지 확신이 서지 않았다.

게다가 테스터, QA 직무에 대한 주위의 인식도 한몫했다. 이미 개발자와 퍼블리셔로 오랜 기간 일해온 가족들에게 테스터 직무에 대한 미래를 물었을 때 가족들은 굉장히 부정적인 반응을 보였다. 아무런 경험이

---

1 특별한 목표 또는 테스트 상황을 테스팅하기 위해 개발된 입력값, 실행 사전조건, 예상 결과, 실행 사후조건들의 집합.

없는 대학생 인턴을 고용해 맡게 하는 직무라며, 계약 기간을 채우고 나면 그만두고 개발자가 되기 위한 공부를 다시 시작해보라고 권유했다.

그러나 이듬해 필자는 해당 기업에서 정규직 QA 엔지니어가 되었다. 그리고 현재까지 QA 엔지니어로서 자부심을 가지고 즐겁게 일하고 있다. QA 엔지니어로서 은퇴 후 대책까지 생각해둔 상태다. QA 엔지니어가 노후까지 책임질 수 있는 아주 유망한 직무라는 확신이 생겼다. 지금 생각해보면 테스터라는 직무를 스스로 의심했던 것과 주위에서 만류했던 것은 필자도, 가족들도 테스터와 QA가 어떤 직무인지 명확히 알지 못했기 때문이라고 생각한다.

필자가 신입 QA 엔지니어였을 때는 테스터와 QA 엔지니어라는 직무에 대해 정확히 알지 못해 불안했다. 이것은 필자만의 고민이 아님을 확신한다. 현재도 많은 동료 테스터와 QA 엔지니어들은 자신의 직무에 대한 확신이 부족하다. 심지어 주변에서 더 나은 직무를 찾아 떠나라는 농담 섞인 진담을 하기도 한다. 이런 잘못된 인식이 테스터와 QA 엔지니어가 스스로 자신의 직무를 의심하게 하고, 의욕을 잃게 하는 원인이다. 많은 사람이 국내에서 테스터와 QA 엔지니어에 대한 대우가 열악하다고 말한다. 그러나 자신의 직무에 열정과 의욕을 잃어버린 나머지 더 높은 수준의 테스터와 QA 엔지니어로 발전하려 노력하지 않는다면, 테스터나 QA 엔지니어라는 직무 때문에 충분한 대우를 받지 못하는 것이라고 말할 수 없다.

따라서 우리는 테스터와 QA 엔지니어에 대해 좀 더 올바르게 인식해야 할 필요가 있다. 테스터와 QA 엔지니어가 어떤 일을 하는 직무인지, 어떤 가치가 있는지 알고 나면 필자와 마찬가지로 그동안 잘못된 생각을 갖고 있었음을 깨닫고 더 나은 테스터와 QA 엔지니어가 되기 위해 해야 하는 노력들을 알게 될 것이다.

하지만 현재는 우리의 직무를 명확하게 아는 것조차 쉽지 않다. 주위의 많은 테스터와 QA 엔지니어 중 "테스터는 어떤 사람이어야 하나요?", "QA 엔지니어는 어떤 목표를 가지고 노력해야 하나요?"라는 질문에 준비되었다는 듯, 한 치의 망설임 없이 구체적으로 자신의 소신을 이야기할 수 있는 사람은 많지 않을 것이다. 직무의 본질에 대한 기본적인 질문조차 많은 사람이 명확하게 답하지 못하는 상황에 주니어 테스터와 QA 엔지니어들은 더욱 혼란스러워진다. 그러다 보니 자신의 직무에 대해 끊임없이 의심하고 고민한다. 하지만 자신만의 명확한 기준과 소신을 가지고 업무에 임하는 사람도 많다는 것을 기억하자. 다만 여러분의 질문에 좋은 대답을 해줄 수 있는 사람을 아직 만나지 못했을 뿐이다. 필자가 생각하는 테스터와 QA 엔지니어의 차이에 대해 간단히 이야기하기 위해 테스터를 먼저 살펴보면, 소프트웨어 테스터는 소프트웨어의 품질을 보장하기 위해 테스트를 전문적으로 수행한다. 테스터는 만들어진 소프트웨어가 요구사항에 부합하는지, 버그가 있는지, 사용자가 기대하는 기능을 제공하는지 검증한다. 그리고 테스트 업무를 효율적으로 고도화하는 업무를 수행한다.

QA 엔지니어는 그에 비해 좀 더 넓은 영역에서 품질 업무를 수행한다. 소프트웨어의 생애주기 전반에 걸쳐 제품의 품질을 향상하는 다양한 업무를 수행하고, 테스트를 통해 버그를 발견하는 것을 넘어 품질 위협 요소를 사전에 예방하기 위해 전체 개발 프로세스에서 품질을 내재화하고 계속해서 향상해가며, 사용자에게 최고의 경험을 제공하기 위해 노력한다.

이어지는 내용에서, 필자가 진행하는 테스트 자동화 강의에서 만나는 취업 준비생, 주니어 테스터와 QA 엔지니어로부터 듣게 되는 고민과 QA 커뮤니티에서 오가는 이야기를 종합해보았다. 주니어 테스터와 QA 엔지니어의 대표적인 고민에 대한 필자 나름의 생각을 말해보려고 한다. 만약 이 책을 읽고 있는 여러분이 현재 주니어가 아니더라도 그때를 떠올려 어떤 고민을 하고 있었는지 되짚어보자.

테스터와 QA 직무는 성장에 한계가 금방 찾아온다?

어느 정도는 동의한다. 만약 이미 작성된 TC를 수행하는 단순한 기능 테스터로 머문다면 성장에 금방 한계가 찾아올 것이다. 기능 테스터로 머문다는 것은 수동적인 자세로 업무에 임하여 업무의 범위가 기능 테스트에 국한됨을 뜻한다.

주니어 테스터, QA 엔지니어가 직무의 성장에 한계가 있다고 느끼는 이유는 주로 수행하는 업무가 기능 테스트 위주이며, 이는 대부분 수동적이고 단순 반복적이기 때문이다.

컴퓨터나 소프트웨어에 관심이 있다면 단기 근무, 아르바이트, 계약직 등의 형태로 테스터로 취업하는 것은 어렵지 않다. 테스터 취업은 진입 장벽이 낮기 때문에, 기능 테스트 업무만 경험해본 테스터는 자신의 직무가 '누구나 할 수 있는 일'이라는 오해를 한다. 그래서 테스트 업무를 진지하게 생각하지 않고 금세 다른 일을 찾아 떠나거나, 개발자로 취업하기 위해 테스터를 발판으로 삼는 경우도 많다.

이런 현실을 알기 때문에 함께 업무를 하는 전문 테스터나 QA 엔지니어가 이들에게 많은 권한이나 전문적인 지식을 전수하기 어렵기도 하다. 심지어 어떤 동료들은 테스터, QA 엔지니어 말고 개발자로 취직하라는 권유를 직접적으로 하기도 한다. 이런 동료들은 더 오랜 기간 테스터나 QA 엔지니어로 일했을 뿐, 자신의 직무에 뚜렷한 소신을 가지거나 명확한 발전 방향을 찾지 못한 상태라고 생각한다.

따라서 먼저 신입, 주니어 테스터에게 시스템에 접근할 수 있는 권한을 부여하거나 한 번에 많은 지식을 전수하는 것은 현실적으로 무리가 있다는 것을 이해했으면 한다. 테스터와 QA 엔지니어뿐만 아니라 어떤 직무에서도 신입이나 주니어에게 중요한 업무를 섣부르게 맡기지 않는다. 천천히 업무 스킬과 지식을 익혀가며 해낼 수 있는 업무의 종류를 늘려가도록 하는 것이 일반적이다. 그럼에도 함께 일할 동료들이 직무에 대한 의심 때문에 테스트 업무에 열정을 갖지 못한다는 점은 제품의 품질을 위해서라도 반드시 해결해야 할 문제다.

여러분이 알아야 할 것은 테스터라는 직무 자체에는 성장에 한계가

테스트 너머의 QA 엔지니어링

있지 않다는 사실이다. 테스트 분야만 하더라도 기능 테스트, 비기능 테스트, API 테스트, 자동화 테스트, 테스트 분석가, 테스트 관리자, 테스트 전문가 등 여러 분야에 걸쳐 전문적인 인력이 존재한다. 각각의 분야에서 스페셜리스트가 되기 위해서는 익혀야 할 지식과 역량 또한 무궁무진하다. 테스트 스페셜리스트가 아니더라도 당장 테스트의 효율을 높이기 위해서 테스팅 지식과 자신이 담당하는 제품의 구성과 원리에 대해 학습해야 할 분량이 엄청나다. 만약 테스터로서 자신의 능력을 지속적으로 개발하고 개선하려 노력한다면 성장에 한계는 없다. 다만 섣부른 의심이 생겨 노력할 의지를 잃은 테스터가 있을 뿐이다.

테스트는 테스트를 설계한 담당자의 지식과 경험을 바탕으로 만들어진다. 좋은 지식과 경험을 가지고 테스트를 설계할 수 있는 사람이 좋은 테스터가 될 수 있다. 주위에서 인정받는 좋은 테스터는 곧 자신의 업무 안에서 할 수 있는 일들이 다양해지고 권한도 늘어날 것이다. 더 많은 일을 할 수 있게 됨으로써 열정을 갖게 되고 더 많은 경험을 위해 발전을 희망하게 된다.

QA 직무도 다르지 않다. 필자는 테스터로 경력을 시작해 2년 차에 QA 엔지니어라는 직무를 맡게 되었다. 그 시절 QA 엔지니어가 되어 책임과 권한은 늘어났지만, 여전히 기능 테스트가 주된 업무라는 사실은 필자를 혼란스럽고 불안하게 했다. 테스터가 기능 테스트 업무만 하는 것보다 QA 엔지니어가 기능 테스트 업무만 하는 것은 더욱 위험하다. QA라는 직무는 테스트를 비롯해 소프트웨어의 라이프 사이클 전반에 걸쳐 품질을 위해 다양한 업무를 해내야 하기 때문이다.

하지만 안타깝게도 여전히 많은 주니어 QA 엔지니어들은 테스트를 더욱 잘 하는 것 외에 무엇을 해야 할지 명확히 알지 못한다. 테스터나 QA 엔지니어의 업무는 겉으로 잘 드러나지 않아 주변의 상사, 동료 QA 엔지니어를 보았을 때 테스트 업무에 열중하는 모습이 익숙하기 때문이다. QA 엔지니어로서 어떤 목표를 가지고 행동해야 하는지 곁에서 보기만 해서는 배우기가 어렵다. 이 때문에 QA 엔지니어가 된다면 더 많은 기회가 펼쳐질 것이라 생각했던 이들에게 회의감과 성장에 대한 의심이 생긴다.

많은 QA 엔지니어가 테스트만 해도 시간이 부족하다는 이유로 인해 다양한 품질 강화 활동을 하지 못하고 기능 테스트 업무에만 집중한다. 그렇게 시간이 지나 QA 엔지니어가 어떤 활동들을 해야 하는지 고민했던 시절을 잊기도 한다. 혹시 직무에 대한 열정을 느끼지 못하는 상태라면 여러분이 훌륭한 QA 엔지니어로 성장하기 위해 할 수 있는 활동이 얼마든지 있다고 말해주고 싶다.

QA 직무를 잘 이해하고 있는 사람이라면 할 수 있는 일은 무궁무진하다. 정보기술산업 인적자원개발위원회에서는 IT 품질관리자의 역할을 다음과 같이 정의했다.

"IT 품질 목표를 달성하기 위하여 전사적인 품질 정책 및 관리체계를 수립
하고 품질 향상을 위해 교육 및 관리 활동 등을 수행하며 프로젝트 차원에
서의 품질 보증 활동을 수행한다."

여러분은 현재 전사적인 품질 정책을 능동적으로 수립하고 관리하고 있는가? 관리체계를 수립하고 관리하고 있는가? 품질 향상을 위한 교육

을 진행하고 있는가? 아직 하고 있지 않더라도 이는 모두 QA 엔지니어의 업무다. 언젠가는 제품 품질 향상을 위해, 훌륭한 QA 엔지니어가 되기 위해 반드시 해내야 할 일이다. 이런 업무들을 성공적으로 해내기 위해 다방면으로 학습하고 노력하는 QA 엔지니어는 절대로 성장에 한계가 있을 수 없다. 조직 안에서 엄청난 영향을 미치게 되는 중요한 인재로 자리 잡을 것이다.

테스터와 QA 엔지니어는 개발자로 취업에 성공하지 못한 사람들인가?

개발자가 되기를 원하는 것이 잘못되었다는 말은 아니다. 혹자는 개발자가 되고 싶으나 부족한 지식이나 경험을 채우기 위해 인턴 제도를 활용하여 테스터나 QA 엔지니어로 재직 중일 수도 있다. 이것은 자신의 부족한 점을 채우기 위한 개인의 전략적인 선택이다. 다만 지금부터 하려는 이야기는 자신의 커리어를 테스터나 QA 엔지니어로 정한 사람들에게 전해줄 이야기다. 자신의 직무에 대한 오해로부터 비롯된 현상과 함께 테스터나 QA 엔지니어가 개발자와 어떻게 다른 관점을 가지고 있는지 설명하려고 한다.

안타깝게도 QA라는 직무는 사람들에게 많이 알려져 있지 않다. 직업이 무엇이냐는 질문에 "QA입니다"라고 답하면 "Q&A요?"라고 되묻는다. 이런 농담 같은 일이 현실에서 꽤 자주 일어나는 편이다. 필자 또한 직업이 무엇이냐는 질문을 받으면 "개발자입니다"라고 답하는 편이다. QA 엔지니어라는 것을 숨기고 싶다는 의미는 아니다. QA라는 직무를 모르는 사람에게 QA가 무엇인지 설명하기 시작하면 꽤 답답한 상황을 마주하게 되기 때문이다. 서로를 잘 이해하지 못하는 상황을 간단하게 해결하기 위해 '제품 개발에 함께하는 사람'이라는 의미로 개발자라고 말하는 것이다. 게다가 대한민국의 컴퓨터공학도 중 테스터나 QA라는 직무에 대해 알고 있는 사람도 그리 많지 않다. 그러나 취업준비생이 되면 상황은 달라진다. 취업을 준비하는 과정에서 테스터와 QA 엔지니어를 포함해 IT 계열에 얼마나 다양한 종류의 직군이 있는지 자연스레 알게 된다.

학부 시절 개발자를 꿈꾸던 많은 학생이 '개발에 재능이 없다', '아직 공부가 부족하다' 등의 이유로 테스터나 QA 엔지니어로 취직하는 경우도 있다. 그들의 입장에서 테스터나 QA 엔지니어는 자신의 목표가 아니었기 때문에 테스트와 품질 업무에 대한 관심이 적다. 그러다 보니 테스트와 품질 업무를 깊이 있게 알기 위해 기울이는 노력 또한 적을 수밖에 없다. 당장 자신이 하고 있는 테스트 업무만이 테스터와 QA 엔지니어의 전부라고 생각하고, 테스터와 QA 엔지니어의 업무는 단순 반복적이라는 편견을 가지게 된다.

실제로 신입 테스터와 QA 엔지니어에게 주어지는 일은 굉장히 수동적이며 제한적인 기능 테스트에 그친다. 이 때문에 신입 테스터와 QA 엔지니어는 자신이 개발자로 취직했다면 더 창의적인 직무에서 자신의 기술과 창의력을 한껏 펼칠 수 있었을 텐데, 테스터 또는 QA 엔지니어로 취직한 탓에 단순 반복적인 업무를 하고 있다고 생각한다. 하지만 그것은 큰 오해다. 기업에서 신입 직원에게 비교적 단순한 업무를 맡기는 것은 직무에 따른 특성이 아니다. 단지 신입으로서 좋은 인재로 성장하기 위해서는 난이도가 낮은 업무부터 차근차근 경험하며 원활하게 협업하는 방법과 제품에 대해 먼저 배워야 하기 때문이다. 이것은 개발자를 포함한 어떤 직무든지 마찬가지다.

만약 신입 개발자로 취직을 했다고 가정해보자. 기업은 이제 막 신입으로 취직한 직원에게 높은 기술력과 이해력을 요구하는 일을 맡기지 않는다. 보통은 이미 만들어진 제품에 대한 유지보수 작업부터 시작해 제품에 대한 학습과 실무에서 활용할 수 있는 스킬에 대한 공부를 먼저 하게 한다. 테스트 업무도 마찬가지다. 이미 작성된 TC를 따라 기능 테스트를 수행하는 업무를 하며 테스트에 대한 이해를 먼저 높이고 이론을 학습하게 된다.

이후 지식과 실력이 쌓인다면 TC를 개선해보거나 새롭게 만들어보는 과정을 거친다. 기획, 제품, 다양한 문서와 개발 산출물에서 점검해야 하는 포인트와 방법을 자연스레 익히게 된다. 난이도에 따라 차근차근 경험해보는 업무들을 얼마나 빠르게 흡수하고 다양하게 응용할 수 있는가에 따라 전문적이고 창의적으로 다양한 업무를 시작할 수 있는 시점이 달라질 뿐이다. 아직 여러분이 TC를 따라 하는 기능 테스트 업무만 수행하고 있어 불만이 있다면 조금만 참고 기다려보자. 직무에 진심을 다한 다면 여러분도 어느새 다양하고 전문적인 업무를 하고 있을 것이다.

필자가 함께 일하며 겪어온 동료들 중에는 우연히 테스터와 QA 직무에 대해 알게 되고 자신의 적성과 맞아 이 직무를 선택한 사람도 많다. 또한 개발자가 되기를 희망했으나 테스터로 먼저 취업한 뒤 적성에 맞아 계속해서 경력을 이어나가는 사례도 많으며, 동료 개발자 중 QA로 직무를 전환하는 사례도 적지 않다. 테스터나 QA 엔지니어로서 경력을 이어가는 동료들은 개발자가 되기를 포기한 것이 아니고 이 직무를 선택한 사람들인 것이다.

개발자와 테스터, QA 엔지니어는 제품에 대해 다른 관점을 가지고 있다. 개발자가 새로운 기술을 익히고 효율을 고민하며 제품을 만들어 내는 것에 중점을 둔다면, 테스터와 QA 엔지니어는 이 제품이 고객에게 제공되었을 때 높은 만족도를 달성할 수 있는 우수한 품질을 고민하는 데 중점을 둔다. 만약 개발자가 되지 못해 선택한 직업이라고 생각하고 있다면 두 직무의 관점에서 오는 차이는 여러분을 더욱 고민하게 할지도 모른다.

대우받는 테스터와 QA 엔지니어가 되기 위해 개발 지식을 익혀야 한다?

테스터와 QA 엔지니어가 대우를 받지 못한다고 느끼는 것과 개발 지식을 익혀야 하는 것은 별개의 사안이다. 이런 고민을 하는 이유는 대체로 테스터나 QA 엔지니어보다 개발자의 대우가 좋다는 인식에서 기인한다. 물론 담당 제품에 대해 더 잘 알기 위해 개발 지식을 익히는 것은 더 좋은 QA 엔지니어로 성장하는 데 도움이 된다. 하지만 품질을 위하는 목적이 아니라 단순히 개발 지식을 익혔을 때 좋은 대우를 받을 것이라 기대한다면 그것은 아주 잘못된 접근법이다.

기업은 직원을 채용할 때 각 직무에 따라 직원에게 기대하는 점이 다르다. 근본적으로 테스터와 QA 엔지니어에게는 뛰어난 기술력을 기대하기보다는 전문적인 테스트를 통해 제품의 품질을 지켜내기를 기대한다. 즉, 테스터와 QA 엔지니어가 직무의 지식에 소홀하고 개발 지식을 익히려 하는 것은 기업 입장에서 원치 않는 행동을 하는 것이다. 또한 개발 지식을 익히려 해도 그것을 업으로 삼고 있는 개발자만큼 효율적이고 전문적인 지식을 쌓을 수 없다. 그럼에도 개발 지식을 먼저 쌓는 노력을 하는 테스터나 QA 엔지니어가 있다면 개발 지식도, 자신의 직무에 대한 지식도 모두 제대로 쌓지 못한 어중간한 직원이 될 뿐이다. 직무를 막론하고 자신의 직무에 알맞은 노력을 하고 그 결과를 보이는 것이 대우받을 수 있는 길이다.

테스트를 수행하는 테스터라면 테스팅 이론을 학습하고, 테스트를 더욱 효율적으로 수행하는 방법, 버그 보고 시 개발자가 버그의 내용을 더 잘 이해할 수 있도록 하는 방법, 테스트 리더가 되기 위한 방법 등 자신의 직무 역량을 쌓는 것을 목표로 공부해야 한다.

만약 프로그래밍 언어를 공부한다면 화이트박스 테스트를 수행하거나 테스트 도구의 제작, 제품의 품질을 측정하는 도구의 제작과 같이 테스트와 QA 업무에 도움을 주는 목적으로 그 지식을 사용해야 한다. 프로그래밍 언어를 공부하여 이룬 성과를 팀 내에 전파하여 품질 관점에서 더 많은 성과를 내도록 유도하는 것이 테스터와 QA 직무에서 대우받을 수 있는 길이다. QA 엔지니어라면 테스트를 위한 노력과 더불어 QA 엔지니어다운 노력을 해야 한다는 것이다. 이와 관련해서는 4장 'QA 엔지니어링' 부분에서 자세하게 다룰 예정이다.

정리하자면 가장 먼저 해야 할 행동은 자신의 직무를 즐기는 것이다. 각자의 직무에서 즐거움을 느끼고 임한다면 스스로 더 전문적인 역량을 갖추고자 할 것이다. 그리고 그 노력의 결과를 맛보게 된다면 어느새 충분한 대우를 받고 있을 것이다. 직무에서 즐거움을 찾지 못하고 발전할 수 있는 노력을 하지 않으면 실력도 정체되고 만다. 실력이 정체되고 과거에 비해 발전하지 못한다면 테스터나 QA 엔지니어뿐만이 아니라 그 누구도 대우를 받지 못하는 것은 마찬가지다.

테스터나 QA 엔지니어로서의 즐거움은 개인마다 다를 것이다. 필자가 테스터였을 때는 재현이 어려운 버그의 재현 경로를 잘 찾아내곤 했다. 나중엔 고객사에서 제보받은 버그의 경로를 찾아달라는 요청을 받기도 했다. 이틀에 걸쳐 해당 버그의 경로를 찾아냈고, 이 사례는 필자의 즐거움이 되어 이후 상세한 재현 경로를 전달하거나 버그의 원인을 찾는 것에 더욱 열중하였다. SSH 통신, 서버 로그, DB를 다룰 수 있게 되었고, 더 정확한 원인과 현상을 확인할 수 있는 버그 보고 방법을 교육하기도 했다. 버그의 원인을 찾기 위해 여러 분야에 대해 공부하고 자연스럽게 전문성을 갖춰 나갈 수 있었다. 이때 스스로 직무를 즐기며 익힌 기술들은 현재까지도 꾸준히 도움이 되고 있다. 여러분들도 각자의 직무에서 즐거움을 찾을 수 있는 기회가 찾아오길 바란다.

인하우스 QA 엔지니어가 되려면 무엇을 준비해야 할까?

이전 주제에서 이어지는 고민이다. 강의를 하다 보면 인하우스 QA 엔지니어로 이직하는 방법에 대한 질문을 자주 받게 된다. 필자와 대화를 나눈 아웃소싱 기업의 테스터들은 보통 아웃소싱 경력으로는 인하우스 QA 엔지니어가 되기 어렵다고 생각했다. 아웃소싱 기업에 오래 있을수록 인하우스 QA 엔지니어로 이직이 어려워진다는 불안함을 가지고 있으며, 그래서 빠른 시일 내에 인하우스 QA 엔지니어로 이직을 희망한다. 따라서 인하우스 QA 엔지니어가 어떻게 일하는지, 어떤 스킬과 역량을 가지고 있는지 알고 싶어 한다.

하지만 이런 정보를 쉽게 얻을 수 없다 보니 간혹 잘못된 방향으로 노력을 기울이는 테스터들도 많이 보인다. 무작정 테스트 자동화 역량을 보유하고 있다면 인하우스 QA 엔지니어로 이직이 가능할 것이라고 기대하는 경우가 많지만, 테스트 자동화 엔지니어가 아닌 인하우스 QA 엔지니어는 자동화 역량보다 본질적으로 QA 엔지니어로서 갖춰야 할 마인드셋과 기본기에 대해 더욱 중요하게 생각해야 한다. 인하우스 QA 엔지니어가 되기 위해서 어떤 역량을 키워야 하냐는 질문을 받으면 당장 기업들이 필요로 하는 역량은 각자 다르기 때문에 명확하게 어떤 스킬과 역량이 필요하다고 말하긴 어려운 것이 사실이다. 따라서 모든 상황에서 기본적으로 통용될 만한 답변을 드리고 있다. 이 책에서 또한 그렇게 밖에 말할 수 없다는 점을 이해 바란다.

아웃소싱과 인하우스의 큰 차이 중 하나는 누구의 제품을 검증하는가에 있다. 고객사의 요청을 받아 다른 회사의 제품을 검증하는 것과 내 동료와 함께 만든 우리 회사의 제품을 검증하는 것은 테스트 활동에 담긴 책임감과 제품을 향한 애정의 정도에서 차이가 있을 것이다. 이런 차이는 제품을 테스트할 때도 반영되기 마련이다. 제품에 대해 얼마나 많은 학습과 시도가 있었는지, 다각도에서 제품의 품질을 생각할 수 있는지, 기능을 넘어 더 다양한 영역에서 깊이 있는 테스트를 수행한 경험이 있는지 등이 인하우스 QA 엔지니어로서 커리어를 시작할 수 있는 기본적인 태도다.

당장 이런 활동들을 할 수 없더라도 앞으로 해낼 수 있는 가능성을 보여줘야 할 것이다. 인하우스 QA 엔지니어는 나의 이름, 우리 팀의 이름, 우리 회사의 이름을 달고 출시되는 제품을 검증하는 데 있어 아무래도 더 많은 애정과 책임감을 가진다. 그 이름을 부끄럽게 하지 않기 위해 자신의 능력부터 갈고닦아 더 풍부한 영역에서 다양한 테스트 방법을 고민한다. 내가 함께 만든 제품이라는 책임감이 여러분을 좀 더 나은 테스터, QA 엔지니어로 발전할 수 있게 만든다.

물론 이것은 검증 대상의 특성으로부터 발생하는 대체적인 경향을 말한 것으로 근본적으로는 인하우스, 아웃소싱의 문제가 아니다. 개개인이 어떤 성향을 갖고 있는가에 더 많은 영향을 받는다. 성향에 따라 아웃소싱 테스터가 인하우스 QA 엔지니어보다 자신의 업무에 더 열정적으로 임할 수도 있는 것이다. 따라서 아웃소싱 테스터일지라도 테스트 업무에 열정을 갖고 더 뛰어난 역량을 위해 꾸준히 노력하는 태도를 보인다면 인하우스 QA로 이직할 수 있는 가능성은 얼마든지 열려 있다.

구분	인하우스 QA	아웃소싱 QA
검증 대상	자사의 제품	고객사의 제품
제품에 대한 애정과 책임감	상대적으로 높음	상대적으로 낮음
성장 가능성	상대적으로 높음	상대적으로 낮음
학습 및 다양한 시도	제품을 위한 다양한 시도가 가능함	주로 기능 중심의 테스트를 수행함
상호작용 대상	다양한 직업군의 구성원들과 상호작용이 필요함	상대적으로 제한된 범위의 사람들과 상호작용함
테스트 시작 시점	기획 단계부터 참여하여 테스트를 시작함	제품이 만들어진 뒤 기능 중심의 테스트를 수행함

▲ 인하우스 QA와 아웃소싱 QA의 차이

아웃소싱 기업의 경력만 가지고 있는 지원자라면 인하우스 QA 엔지니어로 이직했을 때 업무 프로세스상 많은 차이를 느낀다. 개발이 마무리되어가는 제품을 전달받아 테스트를 하지 않고, 기획 단계부터 QA 엔지니어로서 참여하여 테스트를 시작하며, 테스트 대상의 범위가 확장된다. 작성해야 하는 문서나 보고 체계 등 많은 부분에서 달라지는 프로세스를 이해하고 적응하는 과정이 필요하다. 실무 경험이 없더라도 다양한 인하우스 QA 엔지니어의 테스트 프로세스를 조사하고 학습해야 한다.

인하우스 QA 엔지니어는 보다 주도적으로 다양한 직업군의 사람들과 상호작용을 하며 제품을 같이 만들어나갈 수 있어야 한다. 기획자, 디자이너, 개발자를 포함해 프로젝트의 이해관계자들과 제품에 대한 많은 의견을 주고받아야 한다. 때로는 다른 구성원들과 의견 충돌을 벌이더라도 높은 품질을 달성할 수 있는 방향으로 프로젝트 완수를 목표로 해야 한다. 따라서 QA 엔지니어에게는 자신의 의견을 잘 전달하고 설득할 수 있는 온화하고 논리적이며 결단력 있는 커뮤니케이션 능력이 요구된다. 기업의 입장을 헤아리며 동시에 우리 제품을 사용하게 될 고객의 입장을 대변할 수 있는 사람이 되어야 한다. 기업의 사정과 고객의 만족, 그 모든 것을 납득할 수 있도록 프로젝트를 올바른 방향으로 유도하는 것이 QA 엔지니어가 나아가야 할 목표다.

아웃소싱과 인하우스의 업무방식에서 생기는 차이점을 이해하면 어떤 능력을 길러야 하는지도 이해할 수 있다. 면접관 입장에서 아웃소싱 기업 출신 지원자에게 궁금해하는 것은 '담당한 제품에서 얼마나 다양하고 깊은 테스트를 시도해보았는가?', '제품에 대해 적극적으로 의견을 내고 다양한 사람들과 원활하게 커뮤니케이션할 수 있는가?'와 같은 것이다. '능동적으로 제품 품질 향상을 위해 충분한 노력을 할 수 있는 인재'라는 믿음을 준다면 면접관 또한 제품을 믿고 맡길 수 있을 것이다.

그 외에도 지원하고자 하는 기업이 원하는 특정한 스킬과 역량을 갖추면 인하우스 QA 엔지니어로의 이직 가능성을 더욱 높일 수 있다.

QA 엔지니어 채용 공고에 접수된 이력서 중 80% 이상은 이력서의 내용에서 특별한 강점이 보이지 않는다는 이유로 거절된다. '어떤 제품을 어떻게 테스트했다'라는 내용을 나열하는 것만으로는 경쟁자보다 돋보일 수 없다. 테스트 활동은 테스터, QA 엔지니어라면 누구나 하는 활동이기 때문이다.

나열된 테스트 이력은 이 지원자가 기본적인 직무 소양은 어느 정도 갖추었는지, 지원한 기업의 도메인에 대한 인사이트를 보유했는지, 우리 제품을 맡아서 테스트를 원활하게 진행할 수 있는지 정도의 척도가 된다. 물론 지원자의 이력, 면접관의 성향 따라 테스트에 대한 내용만으로도 충분히 가능성이 보인다고 판단할 수 있겠지만, 일반적인 경우에 평범한 이력을 가진 지원자로 보이게 된다. ISTQBInternational Software Testing Qualification Board, CSTSCertified Software Test Specialist 등의 자격증을 취득했다는 사실 또한 테스팅 이론에 대한 지식을 쌓았다는 것을 의미하는 것이지 테스트, QA 업무에서 뛰어난 지원자라는 것을 증명할 수는 없다. 그러므로 인하우스 QA 엔지니어로 이직 시에 테스팅 자격증은 그다지 큰 의미를 갖지 못한다.

경쟁력 있는 지원자가 되기 위해서는 모두가 하는 것 이상의 노력과 시도, 그에 따른 수치적인 결과, 결과에 대한 구체적인 근거와 사례 등이 지원서에 보여야 한다. QA 엔지니어 채용 공고에 공통적으로 보이는 단어들이 있다. '자동화 테스트', '프로세스 개선', '기획부터 배포까지 주도적인 QA'와 같은 이력을 쌓기 위한 조사와 시도를 하자. 실제로 접수되는 이력서 중 이런 경험을 두루 갖춘 지원자보다 그렇지 못한 지원자가 많은 수를 차지한다. 테스터와 QA 엔지니어 직무에 대한 소신과 자신만의 명확한 기준을 가지고 다양한 시도를 해본 지원자는 다른 지원자들에 비해 돋보인다. 좋은 인재들이 근무하는 기업으로 이직한 지원자는 더 우수한 동료들과 일하며 서로의 인사이트를 공유하게 되어 더욱 좋은 이력을 쌓게 되는 선순환이 일어난다.

테스트 자동화를 할 줄 알아야 좋은 QA 엔지니어인가?

QA 엔지니어를 채용하는 많은 기업에서 테스트 자동화 역량을 지원 자격이나 우대사항에 포함하고 있다. 실제로 많은 기업이 테스트 자동화를 시도하고 있으며, 테스터와 QA 엔지니어가 겪는 문제를 테스트 자동화를 통해 일부 해결하려 한다. 따라서 현재 QA 업계에서 자동화 테스트는 관심이 높은 역량이다.

회사 소개: 우리는 혁신적인 제품과 서비스를 통해 고객의 삶을 더욱 풍요롭게 만들고 있습니다. 우리는 창의적이고 도전적인 팀원들과 함께 새로운 기술을 개발하고, 이를 통해 전 세계에 긍정적인 변화를 주도하고자 합니다. 지금 당신도 이 여정에 함께하시길 바랍니다.

채용 포지션: QA 엔지니어

직무 내용:

• 소프트웨어 제품의 품질 보증 및 테스트 계획 수립

• 기능 테스트, 성능 테스트, 자동화 테스트 등 다양한 테스트 수행

• 버그 추적 및 수정, 품질 향상을 위한 피드백 제공

• 테스트 자동화 도구 및 스크립트 작성

• 개발팀과의 협업을 통한 제품 개선 및 최적화

자격 요건:

• 컴퓨터 공학 또는 관련 분야 학사 학위

• QA 엔지니어로서 최소 2년 이상의 경력

• 소프트웨어 개발 및 테스트에 대한 깊은 이해

• 다양한 테스트 도구(Selenium, JIRA, TestRail 등) 사용 경험

• 문제 해결 능력 및 논리적 사고

• 팀 협업 및 커뮤니케이션 능력

▲ QA 엔지니어 채용 공고 예시

테스트 너머의 QA 엔지니어링

이런 현상 때문에 많은 주니어 테스터와 QA 엔지니어들은 좋은 기업에 가기 위해, 좋은 QA 엔지니어가 되기 위해서는 자동화 역량을 갖춰야 한다고 생각한다. 심지어 자동화 역량이 없으면 역량이 뒤떨어진 QA 엔지니어라고 생각하기도 한다.

하지만 테스트 자동화를 할 줄 몰라도 좋은 QA 엔지니어가 될 수 있다. 적어도 현재 자동화 테스트는 수동 테스트를 비롯한 QA 업무를 도와주는 도구 정도로 활용되는 것이 대부분이다. 테스트 자동화는 구축부터 운영, 유지보수까지 엄청난 리소스가 필요한 활동이다. 따라서 테스트 자동화는 필요한 부분에 한해 득실을 따져 적용하는 것이 효과적이다. 모든 제품을, 제품의 모든 TC를 자동화해야 하는 것은 아니다.

자동화 테스트는 인력을 대신하여 테스트를 할 수 없다. 메신저 프로그램의 메시지 예약 발송 기능에서 자동화 테스트를 구축해두었다고 가정해보자. 그렇다면 앞으로 메시지 예약 발송 기능은 영원히 사람이 테스트하지 않아도 되는 것인가? 절대 아니다. 테스트의 목적은 버그를 발견하는 것이다. 테스트를 함으로써 새로운 입력값, 새로운 경로, 새로운 기능에서 발생하는 새로운 버그를 찾아 리스크를 제거해야 한다. 그러나 자동화된 테스트로는 새로운 버그를 발견하기 쉽지 않다. 자동화 테스트 코드는 사람이 작성해둔 시나리오대로 작동하며 매번 같은 체크포인트를 검증한다. 그러다 보니 자동화 테스트는 설정해둔 체크포인트가 정상 작동을 하고 있는지를 확인하는 것에 가깝다. 숨어 있는 버그를 발견해야 한다는 테스트의 목적을 온전히 충족하는 것은 어렵다.

따라서 자동화 테스트를 실무에 성공적으로 적용했다 하더라도 수동 테스트 또한 여전히 수행되어야 한다. 오히려 더 다양한 방법으로 높은 수준의 테스트를 수행해야 할 것이다. 즉 자동화 테스트는 수동 테스트를 대신하기보다 특정한 영역의 정상 작동을 확인하는 테스트를 자동으로 수행하도록 맡기는 것에 가깝다.

필자가 진행하는 자동화 테스트 강의 첫 시간에는 30초~1분가량의 간단한 인터뷰를 한다. 강의를 통해 달성하고 싶은 목적을 물어보면 의욕에 넘치는 일부 수강생은 자신이 담당하는 제품의 모든 TC를 자동화하는 것을 목표라고 말하기도 한다. 실제로 테스트 자동화에 도전해 보면 자동화 테스트 코드를 작성하는 것은 그다지 어렵지 않다. 어렵지 않음을 느낀 수강생은 과도한 열정을 쏟아부어 많은 양의 자동화 테스트 코드를 만들어낸다. 하지만 이렇게 만든 코드를 유지보수하며 곧 자신의 방법이 옳지 않다는 것을 알게 된다. 효과적으로 자신의 업무를 도와주는 자동화 테스트 코드를 만드는 것은 굉장히 어려운 일이기 때문이다.

자동화 테스트 코드를 만드는 과정도 개발과 마찬가지로 전략적인 설계가 먼저 이뤄져야 한다. 코드 자체의 구조를 효율적으로 만들어야 함은 물론이고, 자동화 테스트가 수동 테스트 대비 확실한 이점을 보장하고 안정적으로 실행되어야 한다. 결국 수동 테스트에 대비해 확실히 이득이 있어서 나의 노력을 덜어주는 코드가 좋은 자동화 테스트 코드라고 할 수 있다.

그런 관점에서 테스트 자동화보다 먼저 갖추어야 할 것은 좋은 수동 테스트를 설계할 수 있는 능력이다. 대상 제품에서 자동화하려는 부분이 자동화를 해도 되는 대상인지, 자동화를 했을 때 수동 대비 확실한 이득이 있는 대상인지, 자동화 테스트셋의 구성을 어떻게 만들어야 효율적인지 등은 기본적으로 테스팅 지식과 대상 제품에 대한 깊은 이해가 있어야 식별할 수 있다. 기본적인 지식 없이 만들어진 자동화 테스트 코드는 만드는 데 시간과 노력만 소비하게 될 확률이 매우 높다. 그러므로 테스트 자동화 능력은 기본적인 테스팅 이론과 QA 직무 지식, 제품에 대한 이해가 충족된 이후에 갖추더라도 늦지 않다.

자동화 도구 조사, 선정 비용
스크립트 언어 등의 학습 비용
툴 사용법 학습 비용
테스트 시나리오 변경 비용
자동화 테스트용 TC의 작성 비용
자동화 테스트 환경 구축 비용
유료 서버 등 인프라, 툴 구매 비용
자동화 테스트 설계 비용
자동화 테스트 구현 비용
자동화 테스트 코드의 테스트 비용
자동화 테스트 코드의 유지보수 비용

▲ 자동화 테스트 구축, 운영 시 고려해야 할 비용의 예시

실제로 QA 엔지니어 중에는 실무 레벨에서 테스트 자동화를 적용할 수 있는 능력을 갖춘 사람보다 갖추지 못한 사람이 더 많다. 따라서 자동화를 하지 못해도 충분히 QA 엔지니어로 취직이 가능하고 좋은 QA 엔지니어가 될 수 있다. 좋은 QA 엔지니어가 목표라면 화려해 보이는 스킬보다 QA 엔지니어의 기본부터 갖추는 것이 바람직하다. 여러분이 현재 테스트 자동화 엔지니어이거나 되기를 희망하는 것이 아니라면 테스트 자동화에 너무 치우친 태도나 이력서는 채용하는 입장에서 달갑지 않을 수 있음을 명심하자.

만약 여러분이 자동화 테스트를 구현할 수 있는 능력이 있다면 테스트보다 더 넓은 범위에 적용해보는 것도 업무의 부하를 줄여 문제점을 개선하는 데 도움이 된다. 테스트를 자동화할 수 있다는 것은 업무 또한 자동화할 수 있음을 뜻한다. 테스트 자동화에 쓰이는 스킬을 그대로 활용하여 업무에도 적용해 비효율적이거나 반복되는 업무를 개선할 수 있다. 버그 티켓 생성 자동화, 테스트 결과 데이터 취합 자동화, 데이터 스크래핑 자동화, 입력값 매크로, 테스트 데이터 세팅 자동화 등 프로그래밍 언어를 이용해 효율을 높일 수 있는 업무는 얼마든지 있다.

테스트 자동화라는 분류는 업무 자동화, 공장 자동화, 사무 자동화 등과 같이 '자동화'라는 큰 영역의 부분 집합이라고 할 수 있다. 자동화를 테스트에만 활용한다면 스스로의 역량을 제한하는 것이다. '자동화 테스트'에 집중하지 말고 '자동화' 자체를 이해하고 최대한 활용해보자.

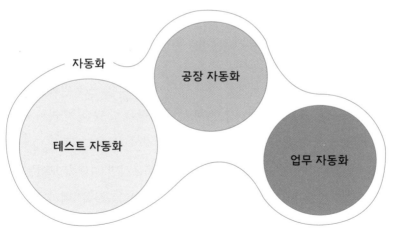

▲ 테스트 자동화는 자동화의 부분 집합이라고 할 수 있다.

QA 엔지니어는 어떻게 성과를 낼 수 있는가?

QA 엔지니어로서 조직에서 어떤 성과를 내야 하는지 고민하는 경우도 종종 있다. 그들은 QA 엔지니어가 제품을 만드는 사람이 아니라고 생각한다. 오히려 기업의 시간과 비용을 사용하는 소비적인 조직이라는 생각을 가지기도 한다. 그래서 제품을 만들어 이익을 보려는 기업의 목적과는 상충되는 QA 조직이 어떤 성과를 내야 하는지 잘 모르겠다는 내용이다.

이런 고민이 깊어진 사례 중에는 QA 엔지니어가 기업의 이익 창출에 기여하지 못해 정리해고 1순위 대상이며, 테스터와 QA 조직은 기업에서 이익을 창출하지 못한다는 생각을 하는 경우도 있다. 그래서 기업과 고객 모두의 만족을 위해야 함에도 불구하고 기업의 이익만을 고려하기도 하고, 이런 오해로 인해 스스로 자신의 직무에 자부심을 느끼지 못하게 된다. QA 엔지니어의 가치와 성과에 대한 고민을 하는 사람들 중에는 눈에 보이는 무언가를 만들어내야만 성과라고 생각하는 경우도 있다. 그래서 간혹 잘못된 방향으로 노력하는 사람들도 보게 된다. 테스터나 QA 엔지니어의 본질이 아닌 자동화 스킬이나 프로그래밍 언어를 공부하고 있다면서 이런 노력이 자신을 더 가치 있게 만드는 방법이 맞는지 물어보는 사례도 있다.

테스터와 QA 엔지니어도 그들 나름대로 성과가 있다는 것을 아는 사람들도 구체적으로 어떤 것을 성과로 내세울 수 있는지 잘 알지 못하는 경우도 있다. 최소 비용 최대 효율이라는 기업의 목표와 QA 엔지니어의 활동은 조금 상충되는 면이 있기 때문이다. 그러므로 QA 팀은 나름대로의 목표를 세워야 할 필요가 있다고 생각한다. 그리고 그 목표를 달성하여 기업의 목표 달성을 도와야 한다. 그것을 이뤄내는 것이 바로 테스터와 QA 엔지니어의 성과다.

분명히 알아야 할 것은 QA 엔지니어 또한 제품을 만드는 과정에 속한 사람이며, 기업은 이익이 되지 않는 직원을 채용하지 않는다는 것이다. QA 엔지니어 역시 기업 입장에서 이익을 발생시키는 사람이다. 이것을 잘 알기 위해서는 먼저 테스터와 QA의 직무에 대한 올바른 이해와 자신만의 명확한 소신이 있어야 한다.

QA 팀 목표의 대표적인 예시는 다음과 같다.

1. 제품의 개발 과정에서 비효율적인 프로세스를 개선해 생산성을 높인다.
2. 품질을 저해하는 요소를 제거하여 품질을 더욱 향상한다.
3. 더 좋은 제품을 고객에게 제공함으로써 기업에 더 많은 이익이 발생하게 한다.

이와 관련해서는 6장에서 다뤄보겠다.

사람은 직업을 가지고 일을 하다 보면 전문성을 갖추게 된다. 더 나아가 전문성을 높이고 싶어 한다. 이때 자연스럽게 주변에서 나보다 일을 오래 한 사람에게 전문성을 높이기 위한 방법을 물어보게 된다. 이때 주로 자신의 직장 상사에게 질문을 하게 되는데 '저 사람은 나보다 이 직업에 더 오래 종사했으니까 더 전문적일 거야'라는 막연한 생각 때문이다. 만약 같은 종류의 질문을 해본 적이 있다면 그때를 떠올리며 직장 상사에게 얻은 답이 얼마나 만족스러웠는지 생각해보자.

단순히 나보다 경력이 오래된 직장 상사라고 해서 QA 엔지니어로서 전문성을 갖추었다고 말할 수는 없다. 대한민국에서 QA 엔지니어는 테스터라는 의미와 흔히 혼용되고 있다. 필자는 동료, 선배 QA 엔지니어에게 "QA 엔지니어는 어떤 업무를 해야 하는 사람인가요?", "실무에서 테스터와 QA 엔지니어는 일하는 방식에 어떤 차이가 있나요?" 같은 질문을 했을 때 만족스러운 답변을 얻은 적이 별로 없다. 위의 질문을 했을 때 돌아오는 답변은 테스트를 더욱 잘 설계하는 방법, 테스트를 효율적으로 수행하는 방법, 테스트 관리 방법 등 테스팅과 관련하여 전문성을 높이라는 것이 주를 이뤘다. 필자가 시니어 QA 엔지니어의 면접관으로 참석하게 되면 항상 이러한 질문을 한다. "QA 엔지니어는 테스트, 테스트 케이스 관리, 테스트 자동화 같은 테스팅 업무 외에 어떤 일을 해야 한다고 생각하시나요?" 사실 이 질문에 정답은 없다. 각자 가치관에 따른 의견을 가지고 있을 뿐이다. 면접관으로서 면접자가 어떤 가치관을 가진 QA 엔지니어인지 궁금하기 때문에 물어보는 질문이다. 이때 경력과 연차에 상관없이 생각보다 많은 QA 엔지니어가 잘 모르겠다, 생각해본 적이 없다는 답변을 한다. 테스팅 업무는 QA 엔지니어가 해내야 할 일들 중 일부에 불과하다는 것을 잘 알면서도, QA 엔지니어로 일하는 동안 테스팅 외에 어떤 일을 해야 하는지에 대해 생각해본 적이 없다는 의미다.

결국 "어떤 QA 엔지니어가 훌륭한 QA 엔지니어인가?"라는 질문에 소신을 갖고 명쾌한 답변을 할 수 있는 동료는 적다. 만족할 만한 답변을 듣지 못한 채 성장한 전문 테스터와 QA 엔지니어는 자신이 들어왔던 답변대로 고도화된 테스팅을 목표로 경력을 이어나가게 된다. 그렇게 경력이 쌓인 테스터와 QA 엔지니어는 다시 자신에게 질문을 해오는 사람에게 자신이 들었던 것과 비슷한 답변을 해줄 수밖에 없다. 그렇다고 해서 테스트를 고도화하는 사람이 훌륭하지 못한 QA 엔지니어라는 뜻은 아니다. 그러나 테스트 활동은 QA 엔지니어 엔지니어링의 일부분이며, 훌륭한 QA는 테스트 활동을 비롯해 더 넓은 범위의 '품질 보증' 업무까지 해야 한다.

우리의 주변에는 왜 좋은 답변을 해줄 수 있는 훌륭한 QA 엔지니어가 드물까? 안타깝지만 테스터와 QA 직업군이 처한 상황은 훌륭한 QA 엔지니어로 성장하기 어려운 환경이기 때문이다. 필자가 생각하는 몇 가지 원인은 다음과 같다.

QA 엔지니어에 대한 제한적인 정보

QA 엔지니어링에 대한 정보는 얻기가 어렵다. 그에 반해 테스팅에 대한 정보를 찾는 것은 그리 어렵지 않다. 예를 들어 인터넷 서점 사이트에서 QA 엔지니어에 대한 책을 검색해보자. 검색 결과는 대부분 테스트나 자동화 테스트에 대한 이야기를 담은 책뿐이다. 심지어 제목에 'QA'가 들어간 책들도 테스팅에 대한 내용뿐, QA에 대한 내용은 없다. 이런 상황 탓에 우리 스스로도 QA 엔지니어는 '테스트를 더 잘하는 사람'으로 인식하는 것이다.

게다가 QA 엔지니어링 기술과 정보를 교류할 수 있는 QA 커뮤니티가 개발자 커뮤니티에 비해 월등히 적은 편이다. 지금은 전보다 활발한 커뮤니티가 형성되고 있지만 아직 시작 단계이며, QA의 본질적인 의미를 다루는 내용보다는 효율적인 테스트와 자동화 테스트에 대한 내용이 주를 이루고 있다. 어쩌면 우리는 테스트라는 틀에 갇힌 지 오래되어, 테스트에만 집중하고 개발자가 아님에도 우리의 문제를 기술적인 방향으로 해결하려는 현상이 이상함을 깨닫지 못하고 있을 수 있다. 필자가 실무에서 문제를 해결하며 알게 된 사실은 우리가 기술적으로 해결하려는 문제들 중에는 기술을 쓰지 않아도 충분히 해결할 수 있는 문제가 많다는 것이다.

혹자는 테스트 프로세스를 개선하고 자동화 테스트를 도입하는 것이 프로세스를 개선하여 품질을 향상하는 활동이 아니냐고 반문할 수도 있겠지만, 그 또한 이미 발생한 버그에 더 효율적으로 대응하기 위한 테스트 개선 업무에 속한다고 생각한다. QA 엔지니어는 발생한 버그에 대응하는 것에 더해 버그를 예방하는 것에도 힘써야 한다. 테스트 활동은 QA 엔지니어의 업무 중 일부라는 것을 우리 모두 알고 있다. 그럼에도 우리가 테스트에 갇혀 그 안에서 개선과 효율을 찾고 있는 것은 QA에 대한 정보를 얻기 힘든 상황 때문이라고 볼 수 있다.

그것도 아니라면 개발자와 함께 일하며 은연중에 깔린 '우리가 하는 일은 대단한 일이 아니다'라는 겸손한 마음에서 비롯된 문화일지도 모른다(겸손에서 나오는 태도와 소극적인 자세에서 나오는 태도는 명확히 구분할 필요가 있다). QA 커뮤니티에 오가는 이야기를 볼 때 '여기가 개발자 커뮤니티인지, QA 커뮤니티인지 모르겠다'라는 느낌을 자주 받는다. 커뮤니티 안에서 어떤 QA 엔지니어들은 서로의 개발 지식을 뽐내고 있고, 주위에서는 뽐내는 사람을 소위 능력자로 칭하고 있다. 이런 모습을 보고 있자면 개발자에게는 학부 과정의 과제나 토이 프로젝트 정도에 준하는 난이도인 내용이 QA 엔지니어에게는 자랑거리가 되는 현실에 씁쓸함을 느낀다. 과연 QA 엔지니어로서 개발 기술 지식이 많은 것이 중요한 것일까? 버그를 예방하고 전사적인 프로세스를 개선해 품질을 향상시킨 경험이 중요한 것일까? 대체 어쩌다 QA 엔지니어는 개발 기술 지식을 보유해야 주위에서 능력자로 불리게 된 것일까? 이런 현상들에 심히 안타까움을 느낀다.

앞에서 말한 현상들을 개선하기 위해 누군가를 탓하자는 것은 아니다. 이것은 시니어의 잘못도, 주니어의 잘못도 아니다. 그저 우리의 생각이 틀 안에 가둔 주변의 환경 때문이라고 생각한다. 필자는 기회가 된다면 다양한 채널을 통해 QA 엔지니어로서 어떤 마인드셋을 가져야 하는가에 대한 '개인적인 가치관'을 설파하고 있다. 이 책 또한 그러한 목적으로 썼다. 이 책을 통해 목소리를 내는 QA 엔지니어가 많아져 양질의 정보가 많이 공유되고 QA에 대한 이해가 한층 성숙해지는 계기가 되었으면 한다.

활발하지 못한 정보 교류

QA는 다른 IT 직업군에 비해 서로의 지식이나 경험을 교류하는 활동이 적다. 그래서 다양한 사람들의 생각이나 경험에 대해서 영감을 얻을 기회가 많지 않다. QA에 대한 본질적인 정보를 찾기 힘든 것도 이 때문일 것이다. 이로 인해 발생할 수 있는 좋지 못한 현상은 자신의 생각과 경험에 갇히게 된다는 것이다. 자신이 알고 있는 것이 전부이며 정답이라고 생각하는 편향적인 사고를 할 수 있다. 편향된 사고에 갇히면 자신의 주위에서 일어나는 현상으로만 QA라는 직무를 판단해 객관적인 눈으로 깊은 이해를 할 수 없게 된다.

이런 상태에 빠진 사람은 스스로 QA라는 직무에 대해 섣부른 판단을 내리거나 좋은 QA 엔지니어로 성장하기 위한 방향을 자신의 경험 안에서 단정 짓게 된다. 좋은 문화를 가진 조직에 속하지 못한 경우, 섣부른 판단으로 인해, 테스터나 QA 직무에 대한 잘못된 인식을 갖게 되어 회의감에 빠질 수도 있다. 그러나 어떤 직무이든 성장할 수 있는 방법에 정답이라는 것은 없다. 다양한 사람들의 사례와 경험, 생각을 접하고 그 안에서 자신에게 맞는 방법을 취하는 것이 정답에 가까워지는 일이다.

많은 사람의 생각과 경험을 보고 들으면 QA라는 직무를 더 잘 이해하고 올바른 가치관을 갖는 데 도움이 된다. 다른 QA 엔지니어는 어떤 생각을 가지고 있는지, 내 생각과 어떤 차이를 가지고 있는지 왜 그런 차이가 있는지 등 이전에는 떠올려본 적 없는 무궁무진한 사고의 확장을 할 수 있는 기회다. 이 책을 읽을 때도 필자가 겪어온 개인의 경험에 기반한 내용임을 인지하고 여러분의 상황에 맞는 부분을 취하기를 바란다. QA 엔지니어끼리의 정보 교류가 활발하지 않은 것은 앞으로 QA 엔지니어들이 개선해야만 하는 일이다.

필자가 경험한 바로는 함께 일했던 주위의 모든 동료가 좋지 못한 QA 엔지니어인 적이 없었다. 그들은 자신만의 소신과 가치관을 가지고 최선의 방법을 찾아 좋은 품질을 위한 사례들을 충분히 남기고 있었다. 그들이 가지고 있는 QA에 대한 생각과 경험은 모두 달라, QA 엔지니어가 100명 있다면 QA에 대한 생각과 경험도 100가지가 있을 것이다. 하지만 이런 경험들이 잘 공유되지 않는 것은 안타까운 현실이다. 각자의 생각을 적극적으로 이야기하고 나눌 때 백 명의 생각과 경험으로 무궁무진한 사고의 확장이 일어날 것이다. 이로써 직무에 대한 더 넓고 깊은 생각을 할 수 있을 것이고 더욱 성숙한 QA 문화를 불러올 것이라 기대한다.

　최대한 많은 사람의 경험과 생각을 듣고 자신의 상황에서 최선의 방법을 찾아가다 보면 어느새 좋은 QA 엔지니어가 되어 있을 것이다. 필자가 신입 시절에 들었던 조언 중 인상 깊었던 한 가지는 "함께 일하는 동료들로부터 많이 습득하되 좋은 것만 배우라"는 말이었다. 이 방법은 직무 가치관을 스스로 생각해서 확립해나갈 수 있는 좋은 방법이다. 이런 멋진 조언을 해주는 훌륭한 QA 엔지니어가 여러분의 곁에도 있기를 바란다.

기업에서 QA 엔지니어에게 기대하는 역할

　QA 엔지니어마저도 직무에 대한 정보가 부족하니 다른 직업군의 사람들은 QA 직무를 더욱 잘 모를 것이다. 테스트 업무에 더해 다양한 업무 경험을 가진 지원자를 원한다고 적힌 QA 엔지니어 채용 공고는 해당 기업의 QA 엔지니어가 작성했을 것이다. 그러나 관리자와 실무자는 QA 엔지니어에 기대하는 바가 다를 수 있다. 때로는 서로가 기대하는 역할의 차이에 의해 공고에 작성되어 있던 다양한 업무 대신 기능 테스트 중심 업무를 하며 회의감을 느끼기도 한다.

QA 경력이 없는 일부 관리자는 테스터와 QA 엔지니어, 두 직무의 차이를 잘 알지 못해 때로는 테스트를 빨리 마쳐달라거나 예정된 날짜에 제품을 반드시 출시해야 한다는 요구를 하기도 한다. 제품에 리스크가 남아 있음에도 출시일에 대한 조정을 해주지 않는다면 출시 전에 최대한 많은 리스크를 제거하기 위해 불가피한 야근을 하게 된다. 테스트의 목적과 중요성을 명확하게 인지하지 못한 사람들에게는 테스트보다 제품을 적시에 출시하는 것이 더 중요하게 받아들여질 수도 있다. 이런 요구 사항과 직무의 목적 사이에서 많은 테스터와 QA 엔지니어가 고통을 받기도 한다.

버그를 조기에 발견하여 제품의 리스크를 줄이는 것이 테스트의 목적이지만 이것을 잘 모르는 사람들에게 테스트란 '제품이나 기능을 잘 만들었나 확인하는 활동' 정도로 인식된다. 의외로 직급과 연차를 막론하고 테스터나 QA 엔지니어가 아닌 사람들에게 테스트의 목적에 대해 이야기했을 때 전혀 생각해보지 못한 사실이라는 반응을 자주 보게 된다.

어떤 헌신적인 동료들은 제품 테스트에 동참하기도 한다. 그러나 그들이 생각하는 테스트란 '새로 만들어진 기능이 잘 작동하는지 확인했다!' 정도이기 때문에 길게는 몇 주씩이나 테스트를 하는 테스터나 QA 엔지니어가 그들의 눈에는 무척 답답하게 느껴질 것이다. '저 사람들은 뭘 테스트하길래 이렇게 오래 걸리지?'와 같이 말이다. 여기서 테스트 일정에 대한 오해는 시작되고 테스터와 QA 엔지니어는 고통을 받게 된다.

하지만 생각해보면 제품을 위해 함께 테스트해주는 동료는 다른 사람의 업무를 모른 척하는 나쁜 동료가 아니며, 열정적이고 헌신적으로 제품 제작 과정에 참여하는 아주 고마운 동료다. 그럼에도 그들과 우리가 서로 고통받는 이유는 단지 테스트에 대한 서로의 인식 차이 때문이다.

동료 입장에서는 정상적으로 작동하는 것을 확인했는데도 이런저런 어려운 이야기를 하며 배포를 미루자고 하거나 사소해 보이는 문제를 가지고 '유저에게 전달된다면…'이라며 고쳐서 배포해야 한다는 테스터와 QA 엔지니어가 걸림돌처럼 보이기도 할 것이다. 심한 경우 관리자가 테스터와 QA 팀 리더에게 좀 더 소극적으로 임해주길 바란다고 노골적으로 말하기도 한다.

QA 엔지니어의 경우도 마찬가지다. 아무리 'QA 엔지니어는 테스터가 아닙니다!'라고 말해도 정작 그들에게 어떻게 다르고, 어떤 다른 일을 하는지 눈앞에서 자세히 보여준 적이 없기 때문에 그들은 여전히 'QA 엔지니어는 테스트를 전문적으로 하는 사람'으로 인식한다. QA 엔지니어의 역할을 명확히 알고 있는 동료는 드물다. 실제로 많은 사람이 테스트하고 있다는 말 대신에 'QA하고 있습니다'라고 말한다. 그들의 인식에는 테스트와 QA는 큰 차이가 없는 것이다.

그렇기 때문에 기업에서 QA 엔지니어 모집 공고를 게시하고, QA 엔지니어를 채용한다고 해도 실제로 관리자들이 지원자에게 기대하는 활동은 테스트에 국한될 수도 있다. 이런 환경에서는 기업이 QA 팀에 할당하는 목표가 테스트에 관련된 활동이기에 QA 엔지니어가 다양한 활동을 적극적으로 하기 어려워지고, 결국 고용주의 기대를 충족시키기 위해 그들이 원하는 대로 테스트 활동에 집중하게 된다.

그렇다고 테스트만 해야 하는 것은 아니다. 테스트의 목적과 의미, QA 엔지니어가 하는 활동과 해야 하는 이유를 우리가 직접 알려주면 조직의 테스트에 대한 인식이 재고되고 프로세스가 개선될지도 모른다. 우리가 알고 있는 지식에 대한 공유 자리를 마련해 QA 엔지니어들이 드러내지 않고 있던 사실들을 알려주자. 동료들에게 QA 엔지니어에 대한 이야기를 하면 동료들은 쉽게 들어본 적 없는 이야기이다 보니 흥미로워한다.

아니면 개발자 테스트를 위해 테스트 케이스를 잘 만들어내는 방법에 대해 알려줄 수도 있다. 그리고 대화 말미에 이런 말을 살짝 덧붙여보자. "이렇게 구성원들에게 테스트 지식이나 품질 업무에 대해 알려드리는 것도 QA 엔지니어의 역할입니다." 적어도 그 이야기를 들은 개발자는 QA 엔지니어가 하는 활동을 남들보다 한 가지 더 알게 될 것이다. 실제로 필자에게 개발자 동료들이 테스트 케이스를 다양하게 만들 수 있는 방법을 물어보고는 하는데, 이 또한 굉장히 재미있게 들어주어서 고마웠던 기억이 있다. 그들이 나쁜 사람이기 때문에 우리를 괴롭게 하거나 무리한 요구를 하는 것이 아니다. 단지 테스트와 QA 엔지니어링을 잘 몰랐을 뿐이다. 더 다양하고 자유로운 품질 활동을 위해 이에 대해 잘 알고 있는 우리가 알려주도록 하자.

테스트와 QA 엔지니어링에 대한 지식을 공유하는 활동도 궁극적인 목표는 품질 향상에 있다. 지식을 공유함으로써 구성원들이 품질에 대한 더 깊은 이해와 높은 기준을 가지게 되고, 그들이 각자의 자리에서 품질을 위해 어떤 활동을 할 수 있는지 알려준다면 그들과 함께 만들어가는 제품의 품질도 향상될 것이고, 우리의 테스트 시간을 줄여주는 효과도 생긴다. 게다가 품질을 위해 조직에게 영향을 주는 경험과 노력을 보이는 QA 엔지니어는 기업 입장에서 아주 매력적인 인재일 것이다.

테스트에 집중하는 동료들

테스터는 테스트를 전문적으로 수행하는 직무다. 테스트란 무엇인가? 개발 과정 중 이미 발생한 버그를 배포 전에 발견함으로써 고객에게 인도되지 않도록 하여 품질을 관리quality control, QC하는 대응 활동이다. 그에 반해 QA 엔지니어가 취해야 할 행동은 언뜻 비슷해 보이지만 분명히 다르다. QA 엔지니어는 버그의 발생을 사전에 예방하여 버그가 더 적게 발생하게끔 해야 한다.

▲ 테스터와 QA 엔지니어의 역할 이해

우리 주위의 QA 엔지니어들을 살펴보자. 치명적인 버그를 많이 발견하려고 노력하는 사람이 많은가? 치명적인 버그를 사전에 차단하려고 노력하는 사람이 많은가? 전자의 경우가 많은 것이 현실이다. 앞에서 살펴본 'QA에 대한 정보가 제한적이다'라는 원인으로부터 도출된 결과라고 할 수 있다.

우리는 시간이라는 제약에 쫓겨 어쩌다 보니 테스트에 몰두하고 있다. 그렇기 때문에 주변에서 QA 엔지니어는 테스트를 하는 사람으로 인식한다. 특히 소규모 기업의 1인 주니어 QA 엔지니어인 경우라면 해당 직무의 이름은 QA 엔지니어일지라도 기업과 동료는 테스터로 인식하고 있을 확률이 높다. 이런 상황에서 아무리 좋은 지식과 가치관을 지녔더라도, 그것을 동료들에게 설파하고 교육했더라도, 그들이 원하는 QA 엔지니어는 개발 결과물을 테스트해주는 사람이기 때문에 QA 엔지니어가 아닌 테스터의 업무만 하게 된다.

하지만 테스트에만 집중하는 QA 엔지니어가 되어서는 안 된다고 해서 QA 엔지니어에게 테스트를 떼어낼 수는 없다. 테스트는 QA 업무의 일부분이며 필수 활동이다. 여러 사정에 의해 당장 품질 활동을 하지 않는 QA 엔지니어는 있을 수 있어도 테스트를 하지 않는 QA 엔지니어는 없다. 기능 테스트를 하지 않더라도 기획, 디자인, 설계, API 등의 문서를 검토하는 테스트를 하거나 비기능 테스트를 반드시 하고 있을 것이다. 테스트를 고도화하거나 테스트 프로세스 개선 업무 또는 테스트 자동화 작업을 하고 있을 수도 있다.

즉, QA 엔지니어로서 테스트를 멀리하자는 것이 아니다. QA 엔지니어가 해야 하는 활동 중 테스트에만 집중하게 되는 현상을 피하자는 것이다. 버그를 예방할 수 있는 방법을 고민하고 실행에 옮겨보자. 그렇게 된다면 분명 전보다 훌륭한 QA 엔지니어가 되어가고 있음을 느낄 수 있을 것이다.

기능 테스트만 하기에도 시간이 부족하다는 편견

필자는 개인 블로그에 수행했던 품질 강화 활동과 그 결과를 기록하고 있다. 블로그를 보는 사람들 중 일부는 "좋은 일을 하고 계신다", "좋은 인사이트를 얻을 수 있어 감사하다"라는 말을 하면서도 테스트에 품질 강화 활동까지 한다면 시간이 너무 많이 들지 않느냐는 우려 섞인 질문을 한다. 바쁘게 진행되는 일정 속에서 많은 시간을 필요로 하는 기능 테스트에 더해 품질 강화 활동까지 수행하는 것은 개인의 근무 시간을 넘는 노력이 필요하다고 생각하기 때문이다.

기능 테스트가 시간이 많이 필요한 활동이라는 것에는 전적으로 동의한다. QA 엔지니어가 수행하는 업무 중 가장 많은 시간을 할애할 수밖에 없다. 기능 테스트에 그렇게 오랜 시간이 필요한 이유는 제품에 어떤 버그가 어디에 숨어 있을지 모르기 때문이다. 기능 하나를 개발하거나 수정하더라도 그로 인해 영향을 받을 것이라고 의심되는 영역까지 모두 점검해야 하기 때문이다.

역설적으로 기능 테스트가 시간이 많이 필요한 활동이기 때문에 더 다양한 품질 강화 활동을 해야만 한다. 기능 테스트는 많은 시간을 필요로 하지만, QA 엔지니어에게 시간은 넉넉히 주어지지 않기 때문이다.

테스트 너머의 QA 엔지니어링

충분하지 않은 시간 동안 제품의 품질을 최대한 향상하기 위해서는 품질 강화 활동을 통해 기본적인 품질을 끌어올려 기본적인 기능상의 오류를 최대한 예방함으로써 기능 테스트에 필요한 시간을 줄인 뒤 다양한 상위 수준의 테스트를 수행해야만 한다.

결국 QA 엔지니어는 제품을 철저하게 테스트하되 품질 강화 활동에도 소홀해선 안 된다. 여러 번 강조하겠지만 QA 엔지니어는 버그 예방을 위해서도 힘써야 한다. 품질 강화 활동 프로세스가 아직 마련되지 않은 팀도 있겠지만 이미 마련되어 있고 활동을 하는 팀도 많을 것이다. 하지만 테스트와 테스트 개선에 들이는 노력 대비 품질 강화 활동에 얼마큼의 노력을 들이고 있는가? 얼마나 자주 점검하고 개선하고 있는가? QA 개개인은 얼마나 적극적인 품질 강화 활동을 하고 있는가? 테스트 시간에 쫓겨 품질 강화 활동을 기피하지는 않았는가?

기능 테스트에서 눈을 돌려 좀 더 넓은 범위의 지식에 관심을 가져보자. 조금만 찾아보면 소프트웨어 개발 과정에서 버그가 발생하는 원인을 분석한 자료가 많으며, 이를 개선해낸 사례도 많다. 이를 통해 기본적인 소프트웨어 개발 과정을 배울 수도 있을 것이다. 공부하면서 알게된 지식으로부터 우리 조직의 미비한 점을 개선하고 약점을 극복해나가면 미래에 우리의 일거리로 돌아올 버그를 줄일 수 있다. 그렇게 되면 기능 테스트에 할애하는 시간을 줄일 수 있다. 절약한 시간으로 더 좋은 프로세스를 정립하고 개선한다면 더 많은 버그를 예방하게 될 것이며 기능 테스트에 필요한 시간도 점차 줄어들 것이다.

품질 인사이트

생성형 AI로 체크리스트를 만들어...

안녕하세요! 원티드랩 QA팀 김명관입니다.
안타깝게도 QA의 시간은 언제나 부족합니
다. 그리고 기능 테스트는 아무리 해도 부...

댓글 1 · 2024.10.04

QA 직무 오프라인 강의 진행 후기

안녕하세요! 원티드랩 QA팀 김명관입니다.
올해 초 모 대기업의 직무전환 대상자를 위
한 QA 직무 오프라인 강의를 제안받아 준...

댓글 3 · 2024.06.01

서비스 신뢰성 확보

파이썬 + 슬랙으로 에러 통계 데...

안녕하세요 원티드랩 QA팀 김명관입니다.
전에 서비스의 헬스체크를 하는 스크립트를
만들어 Google Sheet에 기록하고,...

댓글 0 · 2024.02.29

파이썬으로 이미지 유사도 측정하...

안녕하세요! 원티드랩 QA팀 김명관입니다.
전에 공유드린 파파라치를 개선하는 과정에
서 파이썬으로 이미지를 다루는 모듈 중에...

댓글 0 · 2024.01.29

▲ 업무를 기록하는 QALog 블로그(https://chance-doe.tistory.com/)

우리는 테스트의 중요성을 알고 있다. 테스트는 소프트웨어 생산 과정에서 발생한 버그를 조기에 발견하고 제거하여 리스크를 줄이는 데 기여한다. 철저한 테스트를 거치지 않은 제품이 고객에게 인도되었을 때는 법적 문제를 일으킬 수 있으며, 심한 경우 인명과 재산에 피해를 입힐 수도 있다. 테스터와 QA 엔지니어는 기업과 고객 모두가 위험에 빠지지 않도록 해야 하는 중요한 사명을 가지고 있다.

이토록 중요한 직무를 맡았음에도 자부심을 느끼지 못하는 이유는 앞에서 이야기한 테스트의 중요성과 목적을 잊고 단순 반복적으로 테스트를 수행하기 때문이다. 너무나 많은 TC와 예외 상황에 테스트 계획을 세우면서부터 질리곤 한다. 테스트는 버그를 발견하는 것이 목적인 활동임에도 버그가 나오지 않길 바라고, 버그가 나오지 않을 때 안도하기도 한다. 이런 상황에서 테스터는 점점 소극적으로 행동하고 복잡한 케이스의 테스트를 성실히 수행하지 않는 모습도 보인다. 소극적으로 행동하는 테스터와 QA 엔지니어는 수동적인 태도로 업무에 임하게 된다. 주로 기능 테스트만을 수행하며 주어진 일 외에는 더 이상 할 것이 없다는 착각에 빠지고, 테스트는 누구나 쉽게 할 수 있는 활동이라는 오해를 한다.

만약 여러분이 테스터 업무에 자부심을 느끼지 못하고, 테스트는 쉬운 활동이라는 생각을 하고 있다면 스스로의 업무 태도를 되돌아보자. 혹시 주어진 TC만을 수행하는 기능 테스트에 집중하고 있지는 않은가? TC 외에 발생하는 버그를 찾으려고 얼마나 노력하고 있는가? 과연 기능이 오작동하는 것만이 우리 제품의 품질을 저하시키는 것인가?

기능상 버그가 없는 제품을 만들어냈다고 가정해보자. 그러나 그 제품의 사용성이 최악이라면? 사용자의 개인 정보를 마구 노출하고 있다면? 제품에서 제공하는 기능이 사용자가 원하는 대로 작동하지 않는다면? 제품의 기능이나 운영 정책이 관련 법률을 지키지 않고 있다면? 이런 제품은 절대로 품질이 좋은 제품이라고 할 수 없다. 이러한 관점에서 제품이 고객에게 최고의 품질과 만족도를 제공할 수 있도록 노력하는 활동이 단순하고 반복적일 수는 없다.

풍부한 테스트를 구성하기 위해 에지 케이스edge case를 고려할 때도 실사용 환경에서 발생할 확률이 적은 억지스러운 에지 케이스는 리스크 예방에 큰 도움이 되지 않는다. 실사용 환경에서 충분히 발생할 수 있는 납득이 되는 에지 케이스를 고려해야 한다. 이미 작성된 수천 개에 달하는 TC에서 미처 고려되지 않은 에지 케이스 중 유효한 에지 케이스를 찾아 테스트를 더욱 풍부하게 수행하는 것은 절대로 쉬운 일이 아니다. 테스팅, 시스템, 아키텍처, 제품, 정책, 실사용 환경에 대한 공부가 필요하고 깊은 이해를 기반으로 한다.

테스트가 쉬운 활동이라고 생각한다면 테스트라는 활동을 기능 테스트로만 인식하고 있을지도 모른다. 기획 문서를 리뷰하고 그 안에서 모순점이나 수정이 필요한 사항을 찾아낸다면 기획 문서를 테스트한 것이다. 디자인을 보고 사용성을 개선할 수 있는 의견을 낸다면 디자인을 테스트한 것이다. 테스트의 대상은 제품의 기능만이 아니라는 것을 반드시 명심해야 한다.

어떤 개발자가 자신이 작성한 코드에 개발자 테스트용 데이터를 하드코딩한 채로 우리에게 테스트를 맡기는 실수를 자주 한다고 가정해보자. 우리는 그 개발자의 실수를 알고 있기 때문에 테스트를 시작하면 개발자 테스트용 데이터가 또 하드코딩되어 있지 않은지 확인하고 테스트를 시작할 수 있다.

하지만 개발자 스스로 테스트용 데이터를 하드코딩하지 않았는지 미리 확인할 수 있는 장치를 마련하여 개발자의 동일한 실수를 방지할 수 있다면 우리는 개발자의 잘못된 습관을 테스트하여 리스크를 제거한 것이다. 말장난 같은 예시이지만 필자가 실무에서 겪었던 사례다. 과연 그 개발자가 하드코딩한 데이터가 그것 하나뿐일까? 그 개발자가 개발하는 모듈의 어딘가에 어떤 데이터가 또 하드코딩되어 있을지 모른다. 하지만 이미 실수를 예방하는 장치를 마련한 경험이 있다면, 그 개발자가 개발하는 모듈 전역에 이를 적용하여 그 모듈에서 동일한 실수가 발생하지 않도록 할 수 있다.

이렇듯 제품의 리스크는 반드시 기능 테스트로만 줄일 수 있는 것은 아니다. 전에 없던 프로세스나 장치를 도입하는 것으로도 달성할 수 있다. 테스트에 대한 인식, 테스터와 QA 엔지니어가 해야 할 일을 더 넓은 시야로 보고 적극적으로 행동한다면, 전문성을 높이고 더 많은 리스크를 줄일 수 있다. 이어 자연스레 '내가 이런 일을 해냈다'와 같은 뿌듯함과 자부심이 생겨나기 마련이다. 자부심이 생기면 더 적극적으로 행동하게 할 수 있고, 이는 꾸준히 좋은 사례를 만들어나갈 수 있는 원동력이 된다. 이러한 순환을 통해 개인의 가치는 올라갈 것이다.

버그를 놓친 것에 매몰되는 현상

필자가 버그를 놓쳐 불안해하고 있는 사람에게 버그를 놓친 것에 너무 신경 쓰지 말라고 말하면 보통 '이 사람은 왜 이렇게 속 편한 말을 하지?'라는 눈으로 쳐다보곤 한다. 위로의 말일 수도 있겠지만 진심을 담은 말이기도 하다. 놓친 버그 때문에 불안해하고 판단이 흐려지면 이성적인 해결책을 찾지 못하고 대응이 늦어질 수 있다. 이미 놓친 버그는 다시 주워 담을 수 없다. 우리가 그때 집중해야 하는 것은 어떻게 피해를 최소화할 것인지, 그리고 어떻게 같은 일이 다시 발생하지 않도록 방지할 것인지 생각하고 행동하는 것이다.

완벽한 테스트는 불가능하다. 제품에는 셀 수 없이 많은 유스 케이스가 존재하고 그것을 모두 테스트하여 버그가 없는 완벽한 제품을 만들수는 없기 때문이다. 따라서 테스트는 효율적으로 리스크에 기반하여 수행되어야 한다. 적어도 우리가 계획하고 실행한 테스트가 충분히 리스크에 기반한 납득되는 테스트였다면 그 과정에서 버그를 놓쳤다는 사실에 자책하거나 주눅들지 않기를 바란다.

더 중요한 것은 실패 사례를 기반으로 같은 일이 재발하지 않도록 방지책을 마련하는 것이다. 그렇게 마련된 방지책만큼 다음 기회엔 더욱 짜임새 있는 테스트를 설계할 수 있을 것이다. 우리는 일을 하며 비단 버그뿐만 아니라 많은 실수를 한다. 그것에 매몰되어 계속 자책하고 괴로워한다면 스스로에게 하나의 장애물을 설치하는 것과 같다.

필자는 처음 재직했던 회사에서 테스트 서버의 데이터를 모조리 삭제해버린 적이 있다. 삭제해선 안 되는 파일과 디렉터리에 액세스 권한이 없도록 설정된 계정이 따로 있었으나, 작업이 귀찮다는 이유로 항상 최고관리자 계정으로 서버에 접속하여 작업을 하는 나쁜 습관 탓에 발생한 사고였다. 테스트 서버의 데이터를 삭제했을 때 앉은 자리에서 아무 말도 나오지 않아 그저 삭제가 진행되는 것을 바라보며 식은땀만 흘리고 있었다. 수많은 생각이 스쳐가는 와중에도 어떻게 이 삭제를 멈춰야 할지 판단이 서지 않았다. 나중에 알아차렸지만 실수로 삭제한 데이터는 이미 삭제하기로 논의가 됐던 데이터였다. 의도치 않게 삭제한 순간 당황하여 판단이 흐려져 그 사실을 기억하지 못했던 것이다.

다행히 삭제를 기다리고 있던 테스트 데이터였기에 큰 문제가 되지는 않았다. 하지만 동일한 일이 다시 발생하지 않도록 그 이후로 최고관리자 계정으로 작업을 하지 않았으며, 이 경험으로 리눅스 서버의 유저 관리와 권한 관리, 서버 백업 방법을 공부하게 되었다.

현재 재직 중인 회사에서는 운영 환경에서 버그가 발생하면 해당 버그 티켓에 댓글을 달아두는 문화가 있었다. 버그가 발생한 원인과 놓치게 된 원인, 재발 방지를 위한 간단한 방법을 댓글로 작성해두는 것이었는데, 버그에 대한 인식을 건강하게 바꾸는 좋은 문화라고 생각한다. 더나아가 스스로 원인을 되돌아보며 적어도 동일한 원인으로 인한 실수가 재발되는 것을 방지하고 팀원들에게 전파할 수 있었다. 실수에 괴로워하지 말고 오히려 반대로 생각해 자신이 성장할 수 있는 수단으로 이용하자. 이를 위해서는 실수에 따른 적절한 사과와 반성이 필수다.

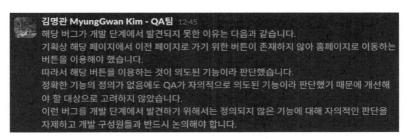

김명관 MyungGwan Kim - QA팀 12:45
해당 버그가 개발 단계에서 발견되지 못한 이유는 다음과 같습니다.
기획상 해당 페이지에서 이전 페이지로 가기 위한 버튼이 존재하지 않아 홈페이지로 이동하는 버튼을 이용해야 했습니다.
따라서 해당 버튼을 이용하는 것이 의도된 기능이라 판단했습니다.
정확한 기능의 정의가 없음에도 QA가 자의적으로 의도된 기능이라 판단했기 때문에 개선해야 할 대상으로 고려하지 않았습니다.
이런 버그를 개발 단계에서 발견하기 위해서는 정의되지 않은 기능에 대해 자의적인 판단을 자제하고 개발 구성원들과 반드시 논의해야 합니다.

▲ 개발 단계에서 버그를 놓친 것에 대해 원인을 회고하고 개선 방안을 제시했던 예시

QA 엔지니어는 제품을 만드는 사람이 아니라는 오해

직무의 중요성과 목적에 대한 정확한 이해가 부족해 업무를 수동적으로 하게 되면 직무에 자부심을 느끼지도 못한다. 자부심을 느끼지 못하는 사람은 자신의 직무를 의도치 않게 격하하여 생각하기도 한다. 혹자는 이것을 겸손하다고 표현하기도 하는데, 겸손에서 나오는 태도와 소극적인 자세에서 나오는 태도는 명확히 구분할 필요가 있다.

소극적인 태도에서 나오는 좋지 못한 현상으로 '테스터와 QA 엔지니어는 개발자가 만든 제품을 테스트하는 사람이다'라는 인식을 갖는 것이 있다. 테스트는 분명 제품 개발 과정 안에 포함되어 있으며, 테스트를 수행하는 구성원 역시 제품을 함께 만들어가는 사람이다. 그러나 이처럼 잘못된 인식 탓에 제품 품질 최전선에 있는 구성원이 소극적인 태도로 임하면 그 태도가 품질에 녹아든다. 따라서 달성할 목표를 명확하게 인식하고, 제품의 품질을 강화하는 활동을 통해 적극적으로 제품 개발 과정에 개입해야 한다.

테스트를 더 넓은 시야로 보아야 한다고 말했듯이 테스트는 기능 테스트만을 의미하는 것이 아니다. 사람은 완벽한 결과물을 낼 수 없다. 완벽한 테스트가 없듯이 완벽한 기획도, 완벽한 디자인도, 완벽한 프로그램도 없다. 따라서 제품 제작에 참여하는 이해관계자는 기획부터 배포까지의 과정을 함께하며 완벽에 가까워지도록 각 단계에서 도출되는 결과물을 리뷰해야 한다. 리뷰한 결과를 토대로 의견을 더하고, 논의하고, 리스크를 분석하고 줄여가야 더 좋은 제품을 만들 수 있다.

완성도와 품질은 누구 한 명의 몫이 아니며, 모든 구성원들이 함께 노력하며 달성해야 하는 공동의 목표다. 기획자는 기획자의 시각에서, 운영자는 운영자의 시각에서, 디자이너는 디자이너의 시각에서, 개발자는 개발자의 시각에서, QA 엔지니어는 QA 엔지니어의 시각에서 각자의 인사이트가 있다. 이것이 따로 힘을 발휘할 때는 편향된 의견이 될 수 있지만, 모두의 의견이 합쳐졌을 때는 리스크를 식별할 수 있는 막강한 시너지를 발휘한다. 따라서 각자의 전문성에 따른 의견을 자유롭게 의논하도록 유도하여 이를 품질에 반영해야 한다. 만약 구성원들이 품질 개선에 대한 인식이 부족하다면, 그것을 잘 아는 사람이 알려줄 의무가 있다. 그러므로 테스터와 QA 엔지니어 역시 제품을 만드는 데 중요한 역할을 하는 핵심 구성원이다.

더욱 능동적이고 적극적으로 제품 개발 과정에 참여하자. '내가 이런 말을 해도 되는 건가?'라는 생각은 접어두고 오로지 제품의 더 높은 품질을 위해 적극적으로 의견을 건네고 피드백을 주고받자. 또 구성원들이 참여하는 논의의 장을 주도하자. 그로부터 좋은 결과를 도출해냈다면 충분히 자부심을 가지고 자랑할 만한 성과가 될 것이다.

덧붙여 말하고 싶은 것은 그 피드백의 대상에 테스터와 QA 엔지니어의 작업 결과물도 포함되어야 한다는 것이다. 체크리스트, TC 또한 적극적으로 피드백을 요청하자. 테스터와 QA 엔지니어라고 해서 모든 것을 잘 알고 있을 수 없다. 다양한 전문성을 갖춘 사람들의 의견이 더해질 때 테스트 산출물 또한 완벽에 가까워질 수 있으며, 새로운 시각을 가진 사람들의 피드백을 통해 더욱 발전할 수 있다.

QA 엔지니어가 테스터의 다음 단계라는 오해

아웃소싱 테스터, 인하우스 주니어 테스터들에게 종종 '자신은 몇 년 차부터 QA 엔지니어가 되는 것인지', 'QA 엔지니어가 되고 싶어 테스트 자동화 강의를 듣고 있는데 아직 준비가 되었는지 모르겠다'라는 질문을 받는다. 이런 질문을 처음 들었을 때는 어떤 의미인지 알기 어려웠지만, 나중에 생각해보니 일부 테스터들은 숙련도나 연차가 쌓이면 QA 엔지니어가 되는 것이라고 인식하고 있었다는 것을 깨달았다. 이런 인식을 가진다면 연차가 높음에도 테스터로 근무하게 되었을 때 승진하지 못했거나 숙련도가 떨어져서 그렇다고 생각하게 된다. 그들에게는 테스터로서 계속 근무하는 것이 뒤처진다는 의미로 받아들여지고 빨리 벗어나야 하는 하나의 단계가 된다.

주위에 함께 일하고 있는 테스터와 QA 엔지니어를 생각해보자. 연봉부터 시작해 직급, 업무의 범위, 역량이 일반적으로 테스터보다 QA 엔지니어가 더 우위에 있는 것처럼 보인다. 이런 현상 때문에 자칫 QA

엔지니어가 테스터보다 더 상위 단계의 직무라고 착각할 수 있다. 그러나 테스터와 QA 엔지니어는 숙련도에 따라 단계적으로 나아가는 직무가 아니다. 또한 연차나 숙련도에 따라 구분되는 상하관계도 아니다. 두 직무는 어떤 자세로 품질 업무에 임하는가에 차이가 있다.

테스터와 QA 엔지니어는 일반적으로 기업에서 해당 직무를 식별하는 이름에 지나지 않는다. 두 직무는 품질에 대한 접근법이나 관점이 달라야 하기 때문에 재직 중인 기업에서 자신의 직무 명이 QA 엔지니어일지라도 테스터와 같이 생각하고 테스트에 집중하여 숙련도를 높여간다면 전문 테스터가 될 것이다. 그중에서도 자신이 특히 좋아하고 잘하는 분야에 전문성을 키워 스페셜리스트가 될 수도 있다.

마찬가지로 직무 명이 테스터일지라도 QA 엔지니어와 같이 생각하고 더 다양한 품질 강화 활동을 하고 버그 예방 활동을 충실히 수행한다면 QA 엔지니어라고 할 수 있다. 따라서 직무 명이 아닌 개인이 가지고 있는 성향과 역량으로 개개인의 역할을 인식해야 한다. 현재 여러분이 어떤 직무 명으로 불리고 있는지에 얽매이지 말자. 스스로 어떤 성향을 가지고 있으며 어떤 방향의 업무를 더욱 전문적으로 하고 싶은지를 명확히 알고 행동하는 것이 중요하다. QA 엔지니어의 성향을 가진 사람과 전문 테스터의 성향을 가진 사람 모두 QA 팀에 소속되어 QA 엔지니어라는 직무 명으로 불릴 수도 있으며, 그 성향에 따른 업무 범위, 직급, 연봉에 대한 차별은 존재하지 않는다.

하지만 QA 엔지니어를 테스터의 다음 단계로 인식하고 있는 사람들은 자신의 직무에서 전문성을 키워나가기보다 하루빨리 QA 엔지니어가 되고 싶어 한다. 그러다 보니 두 직무의 차이를 명확하게 인식하지 못하고 어떤 방향으로 역량을 쌓아야 할지 갈피를 잡지 못한 채 직무 명만 QA 엔지니어인 상태가 되기도 한다. 이런 상황에서는 QA 엔지니어라고 해서 전문성을 갖춘 테스터보다 역량 면에서 나은 것이 없다. 테스트에 진심을 다하고 전문성을 갖춘 테스터가 더 우수한 역량을 보유할 수도 있을 것이다. 더 나아가 특정 분야의 스페셜리스트 테스터라면 테스트 업무에서 QA 엔지니어보다 훨씬 높은 역량을 보이며 우수한 결과를 낼 수 있다. 이러한 경우 때로는 품질을 위해서 QA 엔지니어보다 스페셜리스트 테스터의 역량이 더욱 필요하다.

결론적으로 QA 엔지니어로서 소임을 다하고 목적을 달성하기 위해 노력하는 사람이 진정한 QA 엔지니어라고 할 수 있다. 직무에 대한 자신만의 명확한 목표 없이 업무에 임한다면 테스터로도 QA 엔지니어로도 뛰어난 가치를 보유하지 못한다.

앞에서 이야기했듯이 테스터와 QA 엔지니어는 품질 업무에 대한 관점과 접근법이 다르다. 따라서 두 직무 중 한 가지만 자신의 적성에 맞을 수도 있다. 동료 QA 엔지니어 중에는 버그를 발견하는 데 힘쓰고 버그를 발견했을 때 보람을 느끼는 사람도 있고, 버그를 예방하는 데 힘쓰고 버그와 관련한 수치가 개선되는 것을 보며 보람을 느끼는 사람도 있다. 가장 이상적인 자세는 각각의 QA 엔지니어가 버그를 예방하고 발견하는 활동 모두에서 보람을 느끼고 두 가지 활동을 모두 열심히 해나가는 것이겠지만 개인의 성향에 따라 둘 중 하나의 활동에는 비교적 소홀해지기 쉽다. 따라서 각각의 활동을 좋아하는 사람들이 모여 팀을 이루고 서로가 생각하지 못한 관점을 채워줄 때 더욱 완벽에 가까운 품질을 완성한다. 자신의 현재 직무 명이 테스터라고 해서 QA 엔지니어보다 가치가 떨어지는 사람이 아니라는 이야기다.

'기술'에 대한 잘못된 이해

테스터나 QA 엔지니어가 일할 때 개발자와 협업하는 일이 많을 것이다. 테스터나 QA 엔지니어의 주된 업무가 개발자가 만든 결과물의 품질을 검증하는 것이기 때문이다. 이런 상황에서 주위 동료들의 기술력에 비해 자신이 하는 일은 기술적으로 내세울 것이 없다고 생각해 자부심을 느끼지 못하는 사례도 있다. 이러한 사례에서 주니어 테스터나 QA 엔지니어는 잘못된 방향으로 빠지기 쉬운데, 그것이 바로 자신이 개발자가 아님에도 개발 기술 지식을 쌓으려고 노력하는 것이다. 자신이 담당하는 제품의 검증을 더욱 철저하고 전략적으로 하기 위해서 쌓는 개발 기술 지식은 도움이 되지만, 이 또한 테스팅과 QA의 이론과 실무가 먼저 갖춰지고 난 뒤 해야 할 일이다.

기술이라는 것을 잘못 이해하게 되는 이유는 '품질을 향상한다'라는 QA 엔지니어의 역할이 추상적으로 느껴지기 때문이다. 그리고 QA 엔지니어의 역할에 대해 체계적인 학습 경험이 없다는 것도 주요한 이유 중 하나일 것이다. QA 엔지니어의 역할에 대해서는 이미 대부분 알고 있다. 그러나 품질을 향상하는 활동을 위해 무엇을 어떻게 해야 하는지 체계적으로 교육받거나 구체적인 방법에 대해 들은 적은 별로 없을 것이다. 그러다 보니 주위에 선배, 동료 QA 엔지니어들이 하는 활동을 따라 하는 데 그치고 만다.

이렇게 활동에 대한 목적을 정확히 파악하지 못한 상태로 동료들을 따라 하다 보니 주니어로서 자신의 역량을 어떤 방향으로 갈고닦아야 할지 혼란스러워 한다. 방향성을 잡지 못한 상태에서 자신의 업무가 마치 개발 완료된 제품을 받아 기능 테스트를 수행하는 정도로 여겨질 수도 있다. 기능 테스트는 개발에 비해 결과물이 잘 드러나지 않아 테스터나 QA 엔지니어 스스로가 기술적으로 뒤처진다는 오해를 하게 만든다.

최근 QA 업계에서는 자동화 테스트가 중요한 역량으로 꼽힌다. QA의 커뮤니티라면 어디에서든 자동화 테스트에 대한 이야기를 볼 수 있다. 만약 자신이 어떻게 성장해야 할지 모르는 주니어 테스터나 QA 엔지니어라면 이를 보고 자신도 자동화 테스트 역량을 키워야 한다는 생각을 하게 될지도 모른다. 위와 같은 상황들이 복합적으로 작용하여 마치 자신이 뒤처지고 있다는 우려를 하고, 정작 업무의 기본이 되는 테스팅이나 QA 역량보다 개발 기술을 익히려는 시도를 먼저 하게 된다. 그러나 정말로 중요한 건 직무 본연의 역량을 높이는 것이다.

개발 기술이나 테스트 자동화 기술을 배운다 하더라도, 자신의 본 업무인 품질 향상에 초점이 맞춰져 있어야 한다. 목표가 무엇인지 모른 채 그런 기술을 배워봤자 좋은 테스터나 QA 엔지니어로서 성장하는 데 결정적인 도움을 주지는 않는다.

테스터와 QA 엔지니어 본연의 기술이란 앞에서 이야기한 프로그래밍, 자동화 기술과는 사뭇 다르다. 물론 프로그래밍과 자동화 기술도 품질 향상을 위해 배우고 활용할 수 있다. 그러나 그것보다는 더 폭넓은 범위에서 품질을 이해하고 향상할 수 있는 기술이 필요하다. 품질을 관리하기 위해서는 제품 개발 과정 안에서 함께하되, 동시에 프로젝트를 객관적으로 바라볼 수 있는 눈이 필요하다. 프로젝트 진행이 원활하지 못하다면 원인을 파악하고 개선해야 한다. 원활하지 못한 프로젝트 안에서 함께 휘말리고 있다면 원인을 똑바로 보기 힘들다.

프로젝트가 원활하게 진행되지 못하는 것을 알아차리는 방법도 여러 가지가 있다. 저하되는 생산성, 지켜지지 않는 일정, 너무 많이 발생하는 버그, 구성원 간의 불화 등 이런 문제는 결국 제품의 품질 저하라는 결과를 가져오고, QA 엔지니어가 달성해야 하는 가장 큰 목표, 즉 프로젝트를 올바른 방향으로 유도하는 것을 이룰 수 없게 만든다. 따라서 이는 QA 엔지니어가 적극적으로 나서서 해결해야 할 문제들이다. 이런 문제는 개발 기술로는 해결할 수 없다. 상황에 대한 인지와 판단력, 많은 해결 방안에 대한 사례 조사, 개개인의 버릇이나 성향에 대한 고찰, 프로세스의 문제를 찾아낼 수 있는 능력 등으로 원인을 파악할 수 있을 것이다. 그리고 파악한 원인을 효율적이고 효과적으로 개선할 방법을 도출하는 것 또한 QA 엔지니어의 기술이라고 할 수 있다.

우리는 프로젝트를 진행하며 수많은 문제들을 마주친다. 이런 문제들의 원인은 너무나 다양하여 어떤 하나의 전문 지식을 깊게 파고들어서는 해결이 어렵다. 방대하고 얕은 지식을 가진 상태에서 상황에 맞는 해결 방법을 찾아내 필요할 때 깊게 파고들어야 한다. 그러므로 QA 엔지니어에게는 소수의 지식을 깊게 아는 것보다 방대한 지식을 얕게 알되 그것을 언제든 파고들어 적용할 수 있는 기술이 필요하다.

　필자가 만나본 테스터 중 많은 사람이 QA 엔지니어가 되기를 원하고 있었다. 그것은 계약직 테스터로서 경력을 시작한 필자도 마찬가지였다. QA 엔지니어라는 직무에 대해 깊이 알아본 바 없이 막연하게 QA 엔지니어가 되면 당연히 더 가치 있고 다양한 일을 주도적으로 하게 되는 것이라고 생각했다. 하지만 QA 엔지니어가 되고 나서야 'QA 엔지니어답게' 일하는 능력이 그저 당연하게 주어지는 것이 아니라는 것을 알게 되었다.

　필자의 직무가 테스터였을 때는 분명 업무가 즐거웠다. 하지만 QA 엔지니어가 되고 나서도 수행하고 있는 업무가 테스터 시절과 다를 것이 없다는 것을 느끼게 된 후로 과연 스스로 QA 엔지니어라고 불릴 자격이 있는지 회의를 느끼게 되었다. 이런 생각은 스스로를 짓눌러 더 이상 업무가 즐겁게 느껴지지 않았다. 그제야 QA는 어떤 직무인지에 대한 고민을 시작했고 뒤늦게 시작한 고민은 대략 2년 동안 이어지며 필자를 꽤나 힘들게 했다.

먼저 주위의 동료로부터 답을 찾아보려고 했다. 하지만 동료 QA 엔지니어는 야근까지 해가며 테스트 업무에만 열중했고, 동료들이 알려주는 것 역시 테스트를 더 잘 하는 방법 위주였기에, 어느새 QA 엔지니어는 테스트를 더 전문적으로 하는 사람이라고 인식하고야 말았다. 그렇게 테스트를 더 잘하는 QA 엔지니어가 좋은 QA 엔지니어라는 생각을 하게 되었다.

그렇게 지내던 중 우연한 기회에 상사 QA 엔지니어와 티타임을 가지며 QA 엔지니어로서 내가 어떤 일을 해야 할지 혼란스럽다는 고민을 털어놓은 적이 있었다. 그분은 조금도 고민하지 않고 "QA 엔지니어는 매 순간 품질을 향상할 수 있는 모든 일을 고민해야 한다"라고 답해주었다. 필자에게는 몇 년을 고민했던 문제였기에 대답하기 어려운 질문이 아닐까 걱정했지만 필자의 질문을 듣자마자 바로 답해주시는 모습을 보며 QA 엔지니어로서 자신만의 명확한 소신이 있다는 것에 감탄했다. 그리고 추상적이었던 그분의 답은 필자의 고민을 한 방에 해결해준 명쾌한 해답이었고, 다시 나의 업무에서 즐거움을 되찾을 수 있었다.

답을 들은 후 가장 먼저 테스트에만 열중했던 전과 달리 제품에 대해 적극적으로 공부하기 시작했다. 제품에 사용된 기술이나 프로그래밍 언어에 대해 학습했고 레퍼런스를 찾아 다른 기업에서 만든 비슷한 제품에 비해 어떤 부분이 뒤처지는지, 어떤 부분이 우월한지 조사하고 거기서 생기는 의문에 대해 질문했다. 그 당시에는 자각하지 못했지만 사용성에 대한 비교도 하여 의견을 제시하곤 했다.

그런 노력이 다음 회사에서도 이어져 소프트웨어 개발 라이프 사이클 안에서 버그를 줄일 수 있는 프로세스를 만들거나 개선했고, 버그 수치 데이터를 분석하여 조직의 약점을 찾아 극복하고 구성원들의 품질에 대한 인식 개선을 위한 노력을 이어가는 등 첫 번째 회사에서보다 훨씬 넓은 영역에서 품질을 위한 노력을 할 수 있게 되었다. 이런 시도들을 통해 QA 엔지니어로서 굉장히 많은 성장을 했다고 자부하고 있다. 항상 좋은 결과만 있지는 않았고, 그중에는 시간만 뺏겼다는 생각이 드는 시도도 있었으나, 적어도 그런 시도들이 즐거웠다는 것은 부정할 수 없다.

품질 강화와 버그의 예방

제품의 품질을 향상하기 위한 일은 개개인이 처한 상황이나 가치관, 성향에 따라 다를 것이다. 각자 다른 방법의 노력을 하더라도 내 제품을 더 좋은 품질의 제품으로 만들겠다는 목표를 위해 노력한다는 것은 충분히 가치 있는 행동이다. 다만 QA 엔지니어의 역할과 목표를 인식하지 못한 채 노력한다면 여러분의 시간과 노력이 자칫 잘못된 방향을 향할 수 있다. 가치 있는 QA 엔지니어로 성장하기 위해서는 먼저 QA 엔지니어가 어떤 역할을 해야 하고, 어떤 목적을 가져야 하는지 알아보자.

QA는 quality assurance(품질 보증)의 줄임말이다. 품질을 보증한다는 것은 고객이 충분히 만족할 만한 질 좋은 제품을 전달하는 것이다. 흔히 QA 업무를 하는 사람을 QA라고 부르지만 엄밀히 말해서 QA는 품질 보증이라는 활동을 칭하는 단어다. 그래서 QA 업무를 하는 사람을 'QA 담당자' 또는 'QA 엔지니어'라고 칭하기도 한다. 이러한 사람들이 모인

QA 팀의 목표는 제품의 더 좋은 품질을 보증하는 것이며, 고객이 만족하는 제품을 제공하는 것을 목표로 한다. 각 팀원은 자신이 담당하는 제품이나 영역에서 팀의 목표를 달성하기 위한 활동을 해야 한다. 일반적으로 QA 팀에서 설정하는 목표는 품질 강화와 버그 예방이다.

품질 강화 활동을 통해 더 완성도 높은 제품을 제공할 수 있다. 단순히 테스트를 더 꼼꼼히 하는 것을 넘어 제품에 대해 테스터와 QA가 할 수 있는 활동을 다각도에서 바라보고 문제점과 비효율적인 상황을 개선하는 시도를 해야 한다.

테스터와 QA 팀은 기업에서 이익을 내는 조직이 아니라고 생각하기도 한다. 하지만 기업의 구성원 중에 절대적으로 이익에 관계없는 조직은 없다. 품질 강화, 버그 예방 활동으로부터 QA 엔지니어가 달성할 수 있는 목표는 과거보다, 경쟁사보다 더 좋은 품질의 제품을 고객에게 제공하는 것이다. 이 목표를 달성하여 고객을 만족시킴으로써 더 많은 고객을 유입시키고 궁극적으로 기업의 이익에 공헌할 수 있다.

품질 강화를 위해서는 테스트 업무 프로세스를 수립하여 테스트를 효율적으로 하는 방법이 있다. 전략적인 테스트를 위해 테스트 계획, 분석, 설계, 구현, 실행, 완료, 마감과 같은 테스트 프로세스를 식별하고 각 단계에서 어떤 테스트 활동을 할 것인지 기준을 마련한다. 이런 활동은 제품 개발 라이프 사이클도 함께 고려해야 한다. 테스트 대상의 품질을 개발 라이프 사이클에서 더 이른 시점부터 관리하여 완성도 높은 제품을 만들기 위한 테스트 활동들을 정의해야 한다. 제품의 기획 단계부터 높은 완성도를 도모하게 된다면 개발이 완료되는 시점에 이미 일정 수준의 품질을 달성한 채로 테스트를 시작할 수 있다.

품질 강화 – 1. 체계적인 테스트 프로세스의 관리

계획/ 제어 〉 분석 / 설계 〉 구현 / 실행 〉 완료 / 보고 〉 마감

▲ 일반적인 테스트 프로세스의 예시

테스트 단계	필요한 테스트 활동
계획/제어	• 테스트 목적, 범위 설정 • 필요한 리소스 식별, 할당 • 테스트 일정 수립 • 테스트 계획서 작성
분석/설계	• 요구사항 분석 • 테스트 설계 • 테스트 환경 세팅
구현/실행	• 테스트 실행 • 테스트 결과 분석 • 버그 관리
완료/보고	• 테스트 종료 • 테스트 결과 보고서 작성 • 테스트 결과 보고
마감	• 테스트 회고 • 테스트 데이터 보관

▲ 테스트 단계별 활동의 예시

테스트 관리자는 실무자가 테스트 프로세스를 따라 잘 수행하고 있는지 꾸준히 모니터링하고 관리해야 한다. 그리고 실무자는 기준에 맞는 단계별 테스트 활동을 성실히 수행해야 한다. 어렵사리 수립한 테스트 프로세스를 지켜나가지 않으면 프로세스 수립을 위한 노력이 허사가 됨

테스트 너머의 QA 엔지니어링

은 물론이고, 품질 강화라는 목적을 달성할 수 없다. 테스트를 꾸준히 프로세스에 따라 수행하기 위해서는 미리 조직의 구성원들에게 테스트 프로세스의 수립 목적을 충분히 설명하여 모두가 이해하고 납득할 수 있도록 한다. 또한 논의를 통해 현재 상황에 맞게 프로세스의 강도를 적절하게 조정해야 한다. 테스트 프로세스를 새로 수립하면 그로 인해 조직 전반의 업무 절차가 변경되므로 타 팀의 협조도 필요하다.

만약 QA 팀이 신설되어 아직 체계적인 테스트 프로세스가 수립되지 않았다면 당장 체계적이고 높은 기준의 테스트 프로세스를 수립하여 지켜나가는 데 많은 어려움이 있을 것이다. 테스트 프로세스의 중요성을 잘 알지 못하는 구성원은 협조적이지 않을 수 있다. 아직까지 체계적인 프로세스를 경험해보지 못한 실무자는 의도를 이해하지 못하고 번거로워할 것이다. 또한 상황에 따라 테스트 프로세스가 자주 바뀔 수 있는데, 이는 구성원들의 혼란만 가중하고 프로세스의 필요성에 대한 의구심이 들게 한다.

따라서 프로세스를 처음 수립하는 경우, 한 번에 높은 기준을 가지고 세우기보다는 궁극적으로 QA 팀이 달성하고자 하는 목표를 세우고 당장 실행 가능한 작은 단위의 프로세스를 도입하여 효과를 확인하자. 그리고 어떤 테스트 프로세스가 수립되었고, 타 팀에서는 어떤 협조가 있어야 하는가, 전과 어떻게 달라지는가 등을 충분히 이해할 수 있도록 홍보하는 것도 프로세스를 유지하는 데 도움이 될 것이다.

프로세스를 수립하는 주체는 이런 많은 노력이 있음에도 팀 내부와 외부를 막론하고 수립한 프로세스가 완벽하게 지켜질 수 없다는 것 또한 받아들여야 한다. 이런 상황에서는 일부 지켜지지 않는 현상을 수용하고 유연한 프로세스를 만드는 것도 중요하다. 품질 강화를 위해 체계적인 테스트 프로세스를 수립하는 것의 목적은 더 전략적인 테스트를 설계하여 효율을 높이는 데 있다. 따라서 반드시 모든 프로세스를 100% 지킬 것을 요구하는 완고한 태도는 구성원들의 반감을 사게 되어 오히려 테스트의 효율이 떨어진다는 것을 명심하자.

이보다는 유연하게 대처하여 프로세스를 꾸준히 유지하며 개선해나가는 것이 품질 강화에 더욱 도움이 된다. 한 번 수립한 테스트 프로세스는 영원히 고정되는 것이 아니다. 기업과 팀의 상황은 계속 변하고 그에 따라 달성해야 할 목표도 계속해서 변한다. 또한 수립한 테스트 프로세스가 현재 기업과 구성원의 상황과는 맞지 않게 될 수도 있다. 이에 맞춰 테스트 프로세스도 원활한 목표 달성과 실무를 위해 적절히 개선되어야 한다. 프로세스 개선은 수립 때와 마찬가지로 적극적인 협조와 준수를 통해 꾸준히 유지할 수 있어야 한다. 이를 위해 팀 구성원들의 논의와 합의가 필요하며 개선한 결과에 대한 모니터링이 이루어져야 한다.

여러분이 가치 있는 QA 엔지니어가 되기 위해서는 프로세스 수립과 개선 과정에서 단순히 프로세스를 따라 업무를 하기보다는 더 의미 있는 데이터와 의견을 만들어내야 한다. 예를 들어 프로세스 개선 전과 후의 차이를 비교하여 얼마나 개선되었는지 수치적으로 측정할 수도 있을 것이다. 그 결과에 따라 우리가 어느 요소에 더 집중해야 하는지, 개선이 필요한지, 어떤 방식으로 프로세스를 유지할 것인지 등 전사적인 품질 목표를 달성하기 위한 의견을 제시할 수 있는 능력이 필요하다.

품질 강화 ① 지속적인 테스트 케이스의 고도화

테스팅 원리 중 '살충제 패러독스'라는 내용이 있다. 같은 TC로는 더 이상 새로운 버그를 찾아낼 수 없다는 의미다. 말 그대로 고도화되지 않은 TC는 더 이상 제품의 품질을 향상할 수 없다. 오히려 새로운 버그를 발견하지 못해 품질을 악화시키게 된다.

TC의 고도화는 새로운 TC를 만드는 것과 기존 TC를 개선하는 것을 포함한다. 새로운 TC를 만드는 것은 기존 TC로 미처 검증하지 못했던 특성, 속성, 영역, 상황에 대해 테스트 커버리지를 높일 수 있으며, 새로 작성한 TC로부터 새로운 버그를 발견하여 리스크를 줄이는 데 기여한다.

또는 이미 TC가 작성되어 있는 항목에 대해서 추가로 TC를 작성할 수 있다. 에지 케이스를 고려하여 해당 항목에 대해 더 철저하게 테스트를 수행할 수 있다. 이때 무분별하게 TC의 양을 늘려 커버리지를 높이려고 에지 케이스를 추가하게 되면 테스트의 효율을 저하시키는 원인이 될 수도 있다. 다소 억지스러운 에지 케이스가 아닌 실사용 시 충분히 발생할 수 있을만하면서도 리스크 있는 상황의 에지 케이스를 찾아내는 것이 중요하다.

에지 케이스의 가치		
	발생 빈도 높음	발생 빈도 낮음
리스크 높음	가치 높음	가치 보통
리스크 낮음	가치 보통	가치 낮음

▲ 에지 케이스의 가치를 고려하는 방법의 예시

TC를 따라 테스트를 하다 보면 새로운 경로에서 우연히 버그를 발견하기도 한다. 새롭게 발견되는 버그의 대부분은 TC 외에서 발견될 확률이 높다. 이런 경우 해당 케이스를 새로운 TC로 추가할 것인지 결정이 필요하다. 간단하게 재현 경로와 현상을 메모해두어 TC에 추가할 만한 사항인지 고려하여 추가하거나 하지 않을 수 있다.

기존 TC를 개선하여 테스트의 효율을 높일 수 있는 방법도 있다. 한 번 만들어진 TC를 수정하지 않고 계속 사용하게 될 경우 제품의 변화에 따라가지 못하게 된다. 결국 오래전에 만들어진 TC는 사용하지 못하거나 유명무실한 TC가 되어 테스트나 제품 품질 향상에 큰 도움이 되지 못한다. 따라서 TC는 지속적인 개선이 필요하다. TC는 현재 제품에 충분히 효과적일 수 있도록 현행화가 이뤄져야 한다. 이제는 사용하지 않는 기능이나 스텝이 달라진 기대 결과 등은 항상 반영되어 있어야 정확한 테스트를 수행할 수 있다.

개선과 현행화를 통해 TC를 개선하는 과정에서 반드시 더 나은 효율의 테스트를 구성할 수 있도록 신경 써야 한다. 제품을 테스트할 때 절대로 모든 경로를 테스트할 수는 없다. 테스트는 리스크에 기반하여 테스트 효율과 복잡성 등을 고려해 설계해야 한다. TC를 추가하거나 수정하는 과정에서 전보다 더 복잡한 테스트셋을 구성할 수 있기 때문이다.

너무 많은 추가, 수정 작업으로 인해 복잡해진 TC를 제거하는 등 복잡도를 해소하는 것 또한 개선 활동에 속한다. 제품에서 더 이상 사용하지 않는 기능이 존재하거나 제품의 기능을 수정한 결과, 더 이상 재현할 수 없는 경로의 TC는 불필요한 TC가 된다. 이러한 TC는 제거하거나 보관하여 현재 테스트에 사용하는 TC만을 남긴다. 이는 테스트를 수행할 때 혼란을 방지하고 더욱 효율적인 테스트를 설계하는 데 도움이 된다.

효율적인 TC를 만드는 또 다른 방법 중 하나는 TC를 재구성하는 것이다. 짧고 여러 개로 나누어진 TC가 최종적으로 하나의 기대 결과를 확인하는 과정에 포함된다면 해당 TC를 스텝이 너무 많아지지 않는 선에서 병합하여 관리할 수 있다. 또는 그 반대의 경우 하나의 TC가 너무 길거나 기대 결과를 확인하는 과정이 복잡하다면 여러 개의 TC로 나누어 더 손쉽게 각각의 기대 결과를 확인하도록 개선하는 것도 가능하다.

TC로부터 테스트셋을 구성할 때도 효율적인 구성이 필요하다. 예를 들어 로그아웃과 로그인 TC를 배치할 때, 로그아웃 TC를 먼저 두고 로그인 TC를 나중에 둔다면 동일한 테스트를 하기 위해 로그인을 2번 해야 한다는 번거로움이 생긴다. 한 번의 작동으로 최대한 많은 테스트를 수행할 수 있도록 TC를 배치하여 테스트에서 시간을 절약할 수 있다. 여러분이 이와 같은 TC 개선 활동을 성실히 하고 있다면 그렇지 못한 사람에게 노하우를 전수할 수 있을 것이다. TC를 개선한 사례로부터 테스트가 얼마나 효율적으로 개선되었는지 데이터를 도출하여 좋은 인사이트를 공유하는 것도 좋은 QA 엔지니어로 발전하는 길이다.

▲ 로그아웃 테스트를 먼저 수행하는 경우 불필요하게 로그인을 두 번 해야 한다.

품질 강화 ② 다양한 테스트 기법의 강화

TC를 따라 테스트를 하다 보면 TC 외에서 새로운 버그를 많이 찾을 수 있다는 것을 알 수 있다. 이렇게 찾아낸 버그는 제품의 리스크를 제거하고 품질을 향상하는 데 많은 도움을 줄 수 있기 때문에, 탐색적 테스트나 비기능 테스트와 같은 다양한 테스트 기법 역시 테스트 프로세스에 포함되어야 할 중요한 활동이다.

탐색적 테스트는 비공식 테스트 중에서도 많은 활용 사례와 자료를 찾아볼 수 있는 대표적인 기법이라고 할 수 있다. 그 효과도 탁월해서 제품의 품질과 리스크 제거에 많은 도움이 되는 좋은 테스트 기법이라 할 수 있다. 탐색적 테스트를 통해 새로 찾은 버그는 필요에 따라 TC에 추가하여 공식 테스트에 포함할 수 있고, 자연스럽게 TC의 커버리지가 향상된다. 탐색적 테스트는 제품과 테스트에 대한 이해가 깊을수록 효과적인 결과를 도출할 수 있기 때문에 테스터와 QA 엔지니어의 경험과 지식에 따른 효율의 편차를 보인다. 따라서 탐색적 테스트는 QA 엔지니어의 경험과 지식을 기반으로 자신의 위험 감지 능력을 마음껏 펼칠 수 있는 활동이라고 할 수 있다.

혹자는 ad hoc 테스트와 탐색적 테스트의 차이를 명확하게 인지하지 못한 채 ad hoc 테스트를 수행하면서 탐색적 테스트를 수행하고 있다고 생각하기도 한다. 그러나 분명 두 테스트 방법론에는 필요한 상황, 수행하는 방법과 결과에 차이가 존재한다. ad hoc 테스트는 공식적인 테스트 준비 작업 없이 공인된 테스트 설계 기법을 적용하지 않고, 예상 결과를 사전에 정의하지 않고, 자의적이고 임의적으로 실행하는 비공식 테스트의 한 기법이다. 탐색적 테스트는 테스트 설계를 능동적으로 제어하고, 새롭고 더 나은 테스트를 설계하기 위해 테스트를 수행하는 동안 얻은 정보를 활용하는 비공식적인 테스트 설계 기법이다. 탐색적 테스트를 전략적으로 활용하기 위해서는 그 목적과 방법에 대한 이해가 있어야 한다. 이를 위한 도서 등 자료가 많으므로, 탐색적 테스트를 수행하는 테스터와 QA는 학습을 통해 더욱 전략적으로 테스트 활동에 활용하는 것을 추천한다. 탐색적 테스트를 성공적으로 수행하면 TC를 수행하며 발견하는 버그보다 우선순위와 심각도가 높은 버그를 많이 발견할 수 있다.

▲ ISO/IEC 25010(https://www.iso.org/standard/78176.html)에서 정의된 품질 특성

또 다른 효과적인 테스트 기법으로 비기능 테스트가 있다. 비기능 테스트란 제품의 기능 외의 품질 특성을 평가하는 테스트로, 제품의 완성도와 만족감을 중점으로 품질을 향상할 수 있는 활동이다. 비기능 특성의 예로는 사용성, 신뢰성, 보안성, 유지보수성, 이식성 등이 있으며 각 특성에 대한 품질이 얼마나 사용자에게 만족을 줄 수 있는지 테스트한다. 테스트 원리 중 '오류 부재의 궤변'[2]에서 말하듯 제품에 기능적인 측

2　오류가 없다고 해서 좋은 소프트웨어가 보증되지는 않는다는 의미. 예를 들어, 버그가 없는 소프트웨어를 만들었더라도 그 소프트웨어가 유저의 니즈를 충족시키지 못하거나, 중대한 법률을 위반하고 있다면 그것은 좋은 소프트웨어라고 할 수 없다.

면에서 버그가 없더라도 사용성이나 보안성 등 비기능 특성을 만족하지 못한다면 그것은 좋은 제품이라고 할 수 없을 것이다. 따라서 비기능 특성을 테스트하는 활동 역시 더욱 높은 품질을 위해 반드시 수행되어야 하는 활동이다.

품질 강화 ③ 교육을 통한 품질 개선

팀에 새로 입사한 신입 테스터와 QA 엔지니어를 곧장 테스트나 QA 업무에 투입할 수는 없다. 아무리 단순한 TC를 수행한다 해도 목적과 중요성에 대한 이해가 없다면 적극적인 활동을 기대하기 어려우며, 제품의 품질을 위해 활동을 하는 사람의 적극성이 떨어지면 제품의 품질 또한 지켜지기 어렵다. 따라서 직무에 따른 적절한 교육이 필요한데, 교육을 위해서는 먼저 교육을 제공하는 자 역시 테스팅과 QA에 대한 이론적인 이해가 수반되어야 한다. 그리고 교육을 진행하는 목적도 반드시 이해하고 있어야 교육에 방향성이 생긴다. 앞으로 여러분과 함께 제품의 품질을 맡아줄 동료에게 전달되는 양질의 교육은 품질 향상을 위한 QA 엔지니어의 업무다.

이론으로만 교육이 구성되어 있을 때는 시간이 갈수록 대상자의 집중도와 참여도가 낮아진다. 반면에 일정 비율의 실습이 동반된 교육은 대상자의 이해도를 높이는 데 아주 큰 도움이 된다. 따라서 대상자들이 실무에 투입되었을 때 당장 수행해야 하는 내용을 중심으로 이론과 실습을 적절히 구성한다면 교육에 대한 참여도와 이해도가 한층 높아진다.

테스트 너머의 QA 엔지니어링

게다가 이를 통해 실무에 대한 의욕과 호기심을 자극할 수 있다.

교육을 통해 테스트 업무의 목적과 중요성을 이해한 구성원은 자신이 해야 할 일과 달성해야 할 목표를 명확히 인식한 채로 업무에 임하기 때문에, 그렇지 않은 구성원에 비해 제품의 품질을 향상하는 데 훨씬 큰 도움을 준다.

품질 강화 ④ 테스트의 효율 개선

QA 업무의 가장 많은 시간을 차지하는 활동은 테스트다. 이 테스트 활동의 효율을 개선한다면 시간적인 여유가 생긴다. 그렇게 생긴 시간은 더 다양한 QA 활동에 재투자하여 비효율적인 업무들을 정리하고, 시간 여유를 확보하는 선순환이 이루어질 수 있다.

테스트 과정이 복잡하거나 테스트 데이터 생성이 어려운 경우, 테스터와 QA 엔지니어는 복잡한 테스트나 데이터를 생성하고 관리하는 데 많은 시간이 든다. 이런 상황에서 프로그래밍 언어를 사용하여 테스트 데이터를 생성하고 관리하는 스크립트를 만들면 테스트 데이터를 만드는 데 드는 시간을 절약할 수 있고, 그 시간에 다른 업무를 할 수 있다.

효율을 개선하는 방법이 반드시 프로그래밍 언어일 필요는 없다. 평소에 사용하는 테스트 툴을 이용하여 테스트 데이터를 만들 수도 있다. 예를 들어 많은 수의 회원이 새로 가입해야 하는 경우, 테스트 툴로 회원 가입 절차를 구성하여 대량의 API 호출을 일으켜 회원을 생성할 수 있다.

그렇다고 어려운 과정을 모두 프로그래밍 언어나 테스트 툴을 이용해 해결하는 것은 부적절하다. 프로그래밍 언어와 테스트 툴을 이용해 효율을 개선하려면 그 도구에 대한 학습이 필요하다. 학습과 구현에 들인 시간 대비 수동으로 진행했을 경우를 비교했을 때 시간적으로 이득이라고 판단되는 경우에 시도하는 것이 적절하다. 필자의 경우 복잡한 테스트의 수행 시간을 단축하거나 테스트 데이터를 대량으로 생성하기 위해 Python, Selenium, Playwright, Postman, Jmeter, Fiddler 등의 도구(부록 참고)를 주로 사용하고 있다.

▲ Python, Selenium, Playwright, Postman, Jmeter, Fiddler의 아이콘

적절한 도구를 사용해 효율을 개선했다면 팀 구성원에게도 공유해보자. 나 혼자 1시간의 업무 시간을 절약했다면 팀 구성원 모두가 활용하게 될 경우 '팀 구성원의 숫자 × 1시간'의 업무 시간을 절약할 수 있다. 팀 구성원이 10명이라면 팀 차원에서 10시간의 업무 시간을 절약하게 되는 것이다. 그렇게 된다면 여러분이 테스트 업무 효율 개선에 투자한 시간을 아득히 뛰어넘는 효율을 보일 수 있다. 게다가 이는 팀의 업무 부하를 해소한 우수한 인재로 보일 수 있는 기회다.

위에서 이야기한 내용은 테스트 업무에서 대표적으로 발생하는 비효율적인 업무와 개선 사례다. 이미 많은 사람이 같은 문제를 같은 방식으로 해결하고 있을 것이다. 하지만 실무에서 겪는 여러분의 시간을 낭비하게 하는 비효율적인 업무의 사례도 굉장히 많을 것이다. 각자의 상황

테스트 너머의 QA 엔지니어링

에 따라 가지각색이며 시시각각 변하기도 한다. 개개인이 겪는 어려움은 더 다양할 것이다.

비효율적인 업무를 어떻게 해결했는지 같은 구체적인 사례보다 여러분이 속한 조직의, 개개인의 비효율적인 업무를 찾아낼 수 있는 눈과 다양한 방법을 활용해 개선할 수 있는 능력이 중요하다. 나와 동료와 조직이 겪고 있는 시간의 낭비를 줄여주고 더 다양한 QA 활동을 할 수 있는 시간을 벌어준다면 여러분은 조직에서 인정받는 좋은 QA 엔지니어가 되어 있을 것이다.

품질 강화 ⑤ 다양한 분야의 학습을 통한 역량 강화

테스터와 QA 엔지니어는 언제나 제품의 품질을 향상하고자 노력하고 있지만, 안타깝게도 제품의 품질 향상을 방해하는 요소는 온 세상에 존재한다. 유저의 취향부터 트렌드, 경쟁사의 제품, 개인의 습관, 실수, 부실한 프로세스, 인프라, 해커/크래커의 공격, 새로운 단말기 출시, 자연재해까지, 모두 우리가 양질의 제품을 만들고, 제공하고, 서비스하는 데 방해요소가 될 수 있다. 리스크로부터 품질을 지키고 향상하기 위해서 QA 엔지니어는 굉장히 다양한 분야를 신경을 곤두세우고 지켜보아야 한다. 더 나아가 다양한 분야에 대한 학습이 필요할 수도 있다.

여러분의 제품이 처음 출시할 당시 유려한 디자인과 우수한 사용성을 지녔다는 좋은 평가를 받았다고 가정해보자. 그로부터 10년이 지난 시점에도 출시 당시와 같은 디자인과 사용성을 고수하고 있다면 현재는 좋은 품질을 지녔다고 할 수 없다. 또는 기획자가 새로운 기능을 기획할 때 기존 기능을 잘 고려하지 못하는 습관을 가지고 있다면, 이 역시 품질의 위협 요소로 작용한다.

자연재해도 마찬가지다. 태풍, 홍수, 지진 등이 우리 제품을 서비스하는 서버에 영향을 미친다면 제품의 정상적인 서비스가 불가능하다. 몇 해 전 데이터 센터 화재로 인해 장기간 대국민 서비스가 먹통이 된 사건이 있기도 했다. 개발 프로세스나 테스트 프로세스가 부실하여 제품 개발 시 잦은 실수가 발생하고 버그를 예방하기 힘든 상황도 품질을 위협한다. 이런 예시들은 QA 엔지니어가 예방하기에는 조금 어려운 면도 있지만, 필자가 말하고 싶은 것은 품질을 저해하는 요소는 언제 어디에나 존재한다는 것이다. QA 엔지니어가 직접 조치할 수 없는 위협이더라도 이를 언급하여 경각심을 일깨운다면 그에 대한 대비가 이뤄질 수 있다.

QA 엔지니어는 제품과 테스팅에 대해서도 잘 알아야 하지만 그 밖에 품질을 저해하는 요소들에 대해서도 알아둘 필요가 있다. 위의 예시에서 개발 프로세스가 부실하여 품질이 위협받는 상황은 QA 엔지니어가 신경 써서 학습한다면 충분히 의견을 제시하여 개선할 수 있다. 유저로부터 제품의 디자인이나 사용성에 대한 좋지 못한 평가를 받고 있다면 유저 친화적인 디자인과 사용성에 대한 학습을 통해 더 나은 방법을 찾을 수도 있다.

개인의 버릇이나 실수로 인한 버그를 예방하기 위해서 인간의 심리나 행동 패턴에 대해 간단한 논문을 읽어보고 자신의 팀에 적용해보는 실험도 해볼 수 있다. 팀의 사기나 의욕이 낮다면 그들에게 어떻게 동기부여를 할 수 있을지 생각해볼 수도 있다. 인프라 문제의 경우에는 서버나 DB가 이중화되어 장애가 발생했을 때도 지속적인 서비스 제공이 가능한지, 장애 발생 시 서비스를 복구하는 프로세스는 잘 정비되어 있는지, 서버실은 안전하게 관리되고 있는지 등이 QA 엔지니어가 신경 써야 할 요소들이다.

이렇게 품질을 저해하는 요소에 대해 넓은 시야를 가지게 된다면 평소에 하던 기능 테스트, 비기능 테스트는 꽤나 좁은 범위의 품질 강화 활동임을 알 수 있다. 주위에서 일어나는 많은 일들에 관심을 가지고 우리 제품에 미칠 영향을 생각하여 행동하는 사람이 훌륭한 성과를 낼 수 있는 QA 엔지니어다.

TC는 결국 우리의 제품이 다양한 조건에서 작동하는 결과를 확인하기 위한 수단이다. 이런 TC는 작성하는 사람의 경험과 지식의 한계를 벗어나지 못하고 그 사람이 알고 있는 사실 안에서 작성될 수밖에 없다. 적게 아는 사람이 작성한 TC는 제품이 받을 영향 중 적은 범위만을 테스트할 수 있고, 많이 아는 사람이 작성한 TC는 제품이 받을 영향 중 많은 범위를 테스트할 수 있다. 제품을 둘러싸고 있는 수많은 위협 요소들에 대해 다양하게 알고 있는 테스터와 QA 엔지니어가 다양한 위협 요소들을 제거할 수 있다는 것이다.

QA 엔지니어가 세상에 존재하는 모든 위협 요소를 각 분야의 전문가만큼 이해할 수는 없다. 그저 QA 엔지니어는 다양한 품질 저해 요소를 적극적으로 제거하기 위해 QA 엔지니어링에서 전문가가 되면 충분하다.

버그 예방 ① 버그를 예방하는 마인드셋

품질 강화를 위한 대표적인 활동은 버그를 예방하는 것이다. 버그 예방은 미래에 발생할 가능성이 있는 버그를 사전에 발생하지 않도록 차단하는 활동이다. 이로써 기대할 수 있는 효과는 소프트웨어 개발 라이프 사이클의 후반에 발견되는 버그의 절대적인 개수를 줄여 버그에 대응하는 리소스를 절약하는 것이다. 버그를 성공적으로 예방하게 될 경우 테스터와 QA 엔지니어의 리소스뿐만 아니라 버그를 수정하는 데 소비되는 개발자의 리소스도 줄일 수 있다.

구성원들이 목표를 향해 올바른 방향으로 제품을 만들도록 꾸준히 관리하면 개발 과정 전체에 걸친 리소스를 절약할 수 있다. 이렇게 절약한 시간은 품질 개선에 활용할 수 있다. 품질 강화 활동을 경험해본 테스터나 QA 엔지니어는 많이 있으나 버그 예방 활동까지 적극적으로 수행하는 테스터나 QA 엔지니어는 상대적으로 그 수가 적다. 하지만 QA 엔지니어의 역할에는 버그를 예방하는 것도 포함되므로 좋은 QA 엔지니어가 되기 위해 반드시 버그를 예방하기 위해 노력해야 한다.

개발 전 단계에서 버그 예방을 하지 못한 경우

기획 디자인 개발	테스팅 & 버그 수정

기획 ~ 개발 완료까지의 시간 →

개발 전 단계에서 성공적으로 버그 예방을 한 경우

기획	디자인	개발

버그 예방	테스팅 & 버그 수정	상위 수준의 품질 강화 활동

기획 ~ 개발 완료까지의 시간	추가로 확보된 시간

▲ 버그 예방에 성공한 경우 테스팅에 필요한 시간을 절약하고 상위 수준의 품질 강화 활동을 할 수 있다.

테스터는 소프트웨어 개발 라이프 사이클에서 치명적인 버그를 많이 찾아내는 것을 목표로 한다. 반면에 버그 예방 활동을 하는 QA 엔지니어는 개발이 완료되기 전에 미리 치명적인 버그를 제거하는 것을 목표로 한다. 치명적인 버그가 테스트 단계에서 많이 발견되었다는 것은 테스트가 리스크에 기반하여 전략적으로 잘 수행되었다는 것을 의미한다. 하지만 버그 예방 활동은 성공적으로 수행되지 못해 테스트 단계에까지 전달되었다는 의미이기도 하다. 사전에 예방하지 못해 테스트 단계까지 전달된 치명적인 버그는 그만큼 유저에게 전달될 가능성 또한 높아지기 마련이기 때문에 버그 예방에도 반드시 힘써야 한다.

버그를 예방하는 마인드셋의 시작은 '테스트 단계에서 많은 버그를 찾아내겠다'라는 목표에서 벗어나는 것으로부터 시작한다. 테스트가 시작되기 전까지 리스크에 기반하여 치명적인 버그를 미리 제거해두겠다는 목표를 가져야 한다. 이렇게 새로운 목표를 설정하기만 해도 사고와 시야가 확장된다. 버그가 이미 발생한 뒤에 버그를 많이 발견하려 하지 말고, 버그가 어디서, 어떻게, 왜 발생하는가 같은 더욱 근본적인 원인과 해결책을 고민해야 한다. 버그에 대해 확장된 사고와 활동은 전보다 훨씬 복잡한 업무를 필요로 하며, 매 순간 자신이 처한 상황에 효과적인 버그 예방 방안을 도출하기 위해 높은 수준의 문제 대응 능력이 요구된다.

근본적인 버그 발생 지점과 원인 등을 소프트웨어 개발 라이프 사이클 안에서 찾아내야 하기 때문에 비교적 높은 수준의 업무 경험과 개발, 테스팅에 대한 원리와 이해, 개발 프로세스에 대한 인사이트 같은 역량이 필요하다. 비록 현재 기능 테스트와 같은 제한된 업무를 하고 있더라도 누구에게나 더 높은 역량이 요구되는 시점은 찾아올 것이다. 그때를 위해 현재 업무에 임할 때도 버그의 근본적인 원인을 파악할 수 있는 역량을 키워야 한다. 이를 위해 제품과 테스팅 업무를 넘어 다양한 방면의 지식을 탐구해야 한다.

버그 예방 활동은 자칫 버그를 많이 발견해야 하는 테스트의 목적과 반대되는 개념이라고 생각할 수 있다. 하지만 버그 예방 활동은 문서 리뷰 등 다양한 테스트 활동을 포함하고 있으며, 오히려 시점을 더 앞당겨 소프트웨어 개발 라이프 사이클의 시작부터 끝까지 테스트를 함께 진행하는 활동이다. 게다가 테스트의 시작 시점을 앞당겨 사전에 제거했기 때문에 제품 개발 과정에서 뒤늦게 버그를 발견하고 수정하는 비용은 줄어든다. 즉, 버그를 많이 발견해야 하는 건 테스트와 같다. 이와 관련해서 'shift-left 테스트'라는 키워드를 조사해보는 것을 추천한다.

버그의 예방을 성공적으로 해냈다고 해서 버그 발견(테스팅)의 필요성이 적어지는 것은 아니다. 성공적으로 치명적인 버그의 발생을 사전에 방지했더라도 여전히 우리의 제품에는 수없이 많은 버그들이 어디에 어떻게 숨어 있을지 알 수 없다. 하지만 많은 버그를 예방했기 때문에 테스트 단계에서는 우선순위가 높은 버그에 집중할 수 있게 된다. 따라서 버그를 발견하는 테스팅 활동은 여전히 중요한 QA 엔지니어의 업무이고 성공적으로 해내야만 한다.

우선순위가 낮은 모든 버그까지 예방할 필요는 없다. 제품이 구현되기 전에 기획과 디자인 방면의 사소한 버그까지 모두 찾아내는 것은 모래밭에서 바늘을 찾는 것과 같이 매우 어려운 일이다. 과도한 버그 예방 활동으로 품질 강화 활동에 할애할 시간이 줄어들 수 있다. 그러므로 버그 예방 활동 또한 전략적으로 리스크에 기반하여 치명적인 버그 위주로 예방하는 것을 목표로 해야 한다. 우선순위가 낮은 버그는 소프트웨어 개발 라이프 사이클 전반에 걸쳐 충분히 발견할 수 있다.

버그 예방 ② 리뷰 활동

제품의 개발은 기획서로부터 시작된다. 기획서나 요구사항은 개발해야 할 기능과 스펙, 목적 등을 담고 있는 문서로, 개발자는 기획서에서 말하는 요구사항을 분석하여 제품을 개발한다. 그런데 만약 개발의 지침서와 같은 중요한 문서인 기획서에 오류가 있다고 가정해보자. 만약 개발을 시작하기 전에 기획 오류를 발견하고 알린다면 구성원들과 대응 방안을 논의하여 기획서를 수정함으로써 앞으로 만들어질 제품이 품게 되었을 오류를 사전에 제거할 수 있다.

하지만 기획 리뷰가 적절히 이루어지지 않아 기획 오류를 발견하지 못한 채 개발이 완료된 제품은 개발을 시작하는 단계에서부터 이미 오류를 품은 채 만들어진다. 단순하게 비교했을 때 대부분의 상황에서 기획서를 수정하는 것이 이미 개발된 제품을 수정하는 것보다 간단하다.

요리의 레시피를 예로 들어보자. 계란 프라이를 만드는 레시피를 계란 1개에 소금을 1테이블 스푼 넣어 만들라고 작성했다. 이것을 미리 리뷰하지 않고 레시피를 발행한다면 누군가 레시피를 따라 계란 프라이를 만들 것이다. 이렇게 완성된 계란 프라이는 도저히 먹을 수 없을 정도로 짤 것이다. 이미 만들어진 계란 프라이에서 소금을 적정량만 남기고 걷어내는 일은 불가능에 가깝다. 혹여 그런 시도를 하더라도 계란 프라이는 터지고, 찢어져 엉망이 되고 만다. 사전에 소금을 1테이블 스푼 넣으라는 내용을 발견하고 수정한다면 어떨까? 단지 레시피 몇 글자를 바꿈으로써 레시피를 발행할 때 들어간 리소스를 비롯해 계란, 소금의 낭비도 막을 수 있고, 레시피를 구매한 고객의 만족도 잃지 않을 것이다.

소프트웨어 제품 또한 레시피와 같다. 제품이 만들어지기 전에 기획의 오류를 발견하고 수정했다면 적게는 텍스트의 수정만으로도 해결이 가능하다. 하지만 이미 만들어진 제품에서 기획의 오류를 발견했다면 상당히 골치가 아파진다. 이미 만들어진 제품의 기획 오류를 수정한다는 것은 단순히 문제가 발견된 모듈만을 수정한다고 해서 간단하게 끝나지 않는다. 서로 상호작용을 주고받는 모든 영역에서 어떤 일이 일어날지 알 수 없다. 수정해야 할 기능의 영향 범위가 크다면 차라리 프로젝트를 중단하고 처음부터 다시 시작하는 것이 나을 수도 있다.

이것은 단순히 기획에만 국한되는 사례가 아니다. 소프트웨어를 개발하는 과정에서도 수많은 종류의 산출물을 만들어낸다. 크게 볼 때 디자인과 개발 결과물, 테스트 문서도 마찬가지다. 기획에서 오류를 제거

테스트 너머의 QA 엔지니어링

했다고 해도 기획을 오해하거나 잊어버리는 등의 이유로 디자인 산출물이나 개발 산출물에서 얼마든지 기획과는 다른 오류가 발생할 수 있다. 이것을 인지하고 산출물이 전달되었을 때 빠르게 리뷰할 수 있는 프로세스를 마련하여 제품의 개발이 완료되기 전까지 곁에서 꾸준히 리뷰 활동을 하고 피드백을 주고받아야 한다.

개발 결과물도 리뷰의 대상이 된다. 테스트 가능한 단위의 작업물이 나오면 빠르게 해당 단위의 개발 결과물을 점검하여 기획의 의도에 맞게 개발이 되었는지, 기획이 실제 제품으로 구현되었을 때 사용성을 비롯한 비기능 특성에 문제가 없는지, 기존 제품과의 조화나 정책에서 모순되는 점은 없는지 살피고 구성원들에게 피드백을 전해야 한다. 이를 위해서 때로는 적극적으로 개발자의 행동을 유도해야 할 필요도 있다. 개발자는 아직 개발이 완료되지 않은 제품에 대한 검증을 시작한다는 것에 거부감을 가질 수도 있다.

하지만 비록 미완성된 제품이라도 빠른 시점에 검증을 시작하는 것이 궁극적으로 개발이 완료된 제품의 완성도를 높일 수 있으며, 사전에 미리 개선해야 할 점을 발견할 수 있음을 알려야 한다. 큰 규모로 결합된

제품 수정보다 작은 단위의 제품 수정이 개발자를 포함한 구성원의 시간을 아낄 수 있다.

사람은 자신이 처한 상황에 갇히는 오류를 자주 범한다. 테스팅의 원리 중 "완벽한 테스트는 존재하지 않는다"라는 말처럼 사람이 하는 일에 완벽이란 없다. 자신이 만든 결과물에서 스스로 결함을 발견하는 것은 매우 어려운 일이다. 테스트와 마찬가지로 세상에는 모든 예외 상황과 고객의 입장, 위험요소를 고려해 만들어진 기획과 디자인, 개발 결과물은 존재할 수 없다. 그러므로 제품을 만드는 모든 구성원은 시시각각 만들어지는 결과물을 서로가 리뷰하며 제품의 완성도를 높이는 데 일조해야 한다. 제품은 구성원 모두가 함께 만들어가는 것이며 QA 엔지니어 또한 제품 개발에 적극적으로 참여해야만 하는 사람이다. 이런 리뷰 활동의 필요성은 제품의 품질이 한 사람의 책임이 아니라는 말을 직접적으로 보여주는 사례다.

버그 예방 ③ 하나의 목표 바라보기

명확한 기획서가 전달되었고, 모든 구성원이 기획서를 리뷰하여 기획에 대한 오류를 사전에 모두 제거했다고 해도 제품을 디자인하거나 개발하는 단계에서 그 의미가 잘못 전달될 수 있다. 또는 기획 내용을 전달받은 개개인이 각자 다른 방식으로 기획을 이해할 수도 있다. 서로의 생각이 다른 상황에서 개발이 완료된 제품을 전달받았을 때 그 제품의 기능이 자신의 생각과는 다른 방식으로 동작하고 있는 경우가 많다. 기획서를 명확하게 작성하여 잘 전달했다고 해도 그것을 모두가 동일하게 이해하고 있어야 기획 의도와 맞는 제품이 만들어진다.

같은 기획을 보고 서로 다른 방식으로 이해하는 문제는 반드시 일어난다. 기획에서 미처 고려하지 못한 예외사항이 있을 수도 있기 때문이다. 예를 들어 프로필 사진을 설정하는 기능을 개발한다고 가정해보자. 'JPG, PNG 형식의 최대 10 MB 용량의 사진 파일을 프로필 사진으로 첨부할 수 있다'라는 기획서를 작성했다. 이때 기획에서 고려하지 못한 내용은 '사진을 어떤 방식으로 잘라낼 것인가'가 될 수 있다.

사진을 잘라내는 방식이라는 예외사항에 대해 명확하게 논의된 바 없이 개발이 진행된다면 누군가는 잘라내는 영역만 조절해 잘라내는 방식을 생각하고, 누군가는 사진 전체를 조절해 잘라내는 방식을 생각할 것이다. 이런 상황에서 개발이 완료되면 기능 테스트를 시작하고 나서야 '이건 내가 생각한 방식이 아닌데 어떤 방식이 기획 의도에 맞는 거지?'라는 생각을 하게 된다.

만약 개발 완료된 제품에서 구현한 사진을 자르는 방식이 기획과 다르다면 기획을 수정하거나 최악의 경우 개발을 다시 해야 할 수도 있다. 물론 예시와 같은 경우에서는 더 합리적인 선택을 하겠지만 하나의 기획으로부터 이런 현상은 무수히 많이 일어날 수 있다는 것을 명심해야 한다. 이런 일이 발생할 때마다 현재 상태에서 합리적인 선택을 하며 기획이나 제품을 수정할 수는 없다. 제품이 만들어진 뒤 기획이나 제품을 수정해야 한다면 그 제품은 기획 의도에 걸맞은 가치를 고객에게 절대로 전달할 수 없다. 고객에게 기획의 의도와 가치를 그대로 전달하기 위해서는 기획이 명확해야 하고, 모두가 그것을 동일한 내용으로 이해해야 한다.

'모래성을 만들자'라는 기획이 있다고 해보자. 기획이 명확하지 않거나 기획의 의도를 명확하게 이해하지 못한 경우 누군가는 왼쪽의 사진과 같이 단순한 구조의 모래성을 만들 수도 있다. 반면에 누군가는 오른쪽의 사진과 같이 정교한 구조의 모래성을 만들 수도 있다. 이렇듯 명확하게 정의되거나 이해하지 못한 상태에서 작업이 시작된다면 일부 또는 모든 구성원이 기획의 의도와는 다른 결과물을 만들기 위해 자신의 시간과 노력을 써야만 한다.

▲ 단순한 구조의 모래성과 정교한 구조의 모래성

이런 문제를 방지하기 위해서는 기획에 대해 자의적으로 추측하지 말아야 한다. 기획의 내용에 명확하게 명시되지 않아 여러 갈래로 생각이 뻗어나갈 수 있는 지점이 있다면 반드시 그 자리에 서서 기획자를 비롯한 구성원들과 함께 기획의 명확한 의도를 확인해야만 한다. 누군가는 이미 자신의 생각대로 개발하고 있었을지도 모르기 때문에 그 동료 또한 그 자리에 멈출 수 있도록 공론화하여 논의를 시작해야 한다. 이미 기획자가 생각해둔 방식이 있었으나 기획서에 반영하지 못한 경우도 있고, 기획자가 미처 생각하지 못한 경우도 있을 것이다. 따라서 모든 구성원

　테스트 너머의 QA 엔지니어링

은 임의로 기획과 기능을 추측해선 안 된다.

　정의되지 않은 예외사항에 대해 논의를 완료했다면 결론을 정리해두는 문서를 만들고 모두가 볼 수 있도록 공유하자. 누군가는 이미 스스로 정리하고 있거나 혹은 메신저에 '오늘의 논의 내용'과 같은 제목으로 결론을 정리하고 있을 수 있다. 하지만 개인이 정리한 내용은 당사자만 참고할 가능성이 크다. 모두가 볼 수 있는 메신저에 개인이 내용을 정리하여 공유한다 해도 그것은 여전히 개인의 생각이 반영된 내용이며 모두가 정리한 내용과 100% 동일하게 생각하고 있는지는 다른 문제다.

　구성원들과 함께 논의했다 하더라도 시간이 지나면 일부는 잊혀진다. 특히나 이곳저곳에 분포되어 있는 논의 내용은 필요할 때 전혀 찾아볼 수 없다. 따라서 모두가 볼 수 있는 하나의 문서에 논의한 내용을 정리하고, 정리한 내용은 구성원 모두가 동일하게 이해한 것이 맞는지 확인하는 과정이 필요하다.

　구성원들이 서로의 생각을 하나로 모을 수 있는 장을 마련한다면 기획에 대한 예외사항을 명확하게 정의할 수 있고, 정의한 내용은 구성원들이 하나의 문서에서 편리하게 참고할 수 있으며, 혹시 다른 생각이나 의견을 가졌을 경우 의사소통의 창구로도 이용할 수 있다. 만약 여러분이 위와 같이 문서를 정리해 공유해본다면 '방금 논의한 내용도 서로 이렇게까지 다르게 생각할 수 있구나'라는 것을 느끼며 굉장히 놀랄 것이다. 그뿐만 아니라 함께 논의에 참여한 구성원들도 굉장히 놀라며 이런 논의와 문서의 필요성을 깨달을 것이다. 그리고 서로의 이해를 하나로 모으기 위한 수단을 마련한 여러분에 대한 신뢰도와 평가는 놀라울 정도로 좋아질 것이다.

버그 예방 ④ 결과를 수치로 관리하기

품질 강화를 위한 활동을 함으로써 개발 프로세스, 테스트 프로세스의 결과가 더 좋게 혹은 더 나쁘게 변하는 것을 체감할 수 있을 것이다. 동시다발적으로 이뤄지는 다양한 품질 강화 활동들이 모두 항상 좋은 결과를 가져올 수는 없다. 일부는 노력이 무색하게 별 도움을 주지 못할 수도 있고, 악화시킬 수도 있다. 시험 삼아 시작해본 활동이 곧장 좋은 효과를 가지고 오는 것은 쉽지 않다. 그렇기 때문에 어떤 활동을 했을 때 어떤 결과가 발생했는지 추적할 수 있어야 한다. 활동에 대한 결과를 수치적으로 관리한다면 어떤 활동에 더 집중하고 개발해야 할지, 어떤 활동을 개선해야 할지 알 수 있다.

결과를 수치로 관리하는 것은 더욱 전략적이고 효율적인 선택을 하기 위한 것이기 때문에 데이터를 마련할 때 객관성 있고 일관된 기준으로부터 도출한 데이터가 필요하다. 예를 들어 단순히 프로젝트에서 몇 개의 버그가 나왔는지를 비교하여 품질 강화 활동 후 버그의 감소세를 측정하는 것은 기준이 명확하지 않은 데이터다. 프로젝트로부터 발생하는 버그는 프로젝트의 규모, 영향 범위, 작업의 영역, 작업 일정 등 여러 요소에 의해 영향을 받기 때문이다.

명확한 기준을 세우기 위해서는 가변적인 상황을 수치적으로 변환시킬 필요가 있다. 예를 들어 프로젝트의 규모, 영향 범위, 작업의 영역 등을 전체적으로 고려하여 해당 프로젝트의 난이도를 수치화할 수 있다. 그 외에도 작업자의 공수, 작업 일정 등이 프로젝트 진행 시 버그 발생 추이에 영향을 주는 요인이 된다. 이를 바탕으로 개선 전, 후의 버그 발

테스트 너머의 QA 엔지니어링

생 현황을 비교한다면 더 정확한 개선 결과를 확인할 수 있을 것이다.

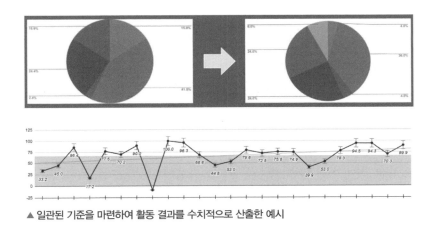

▲ 일관된 기준을 마련하여 활동 결과를 수치적으로 산출한 예시

    품질 강화 활동의 결과를 데이터로 수치화해야 하는 또 다른 이유는 구체적인 수치들로 구성원들의 품질 개선 의지에 동기부여를 할 수 있기 때문이다. 품질 강화 활동으로 인해 개선된 여러 상황에 대해 구체적인 수치를 들어 우리가 어떤 노력을 했을 때 우리의 제품이 얼마나 좋아졌는지 알려준다면 번거롭다고 느껴지는 품질 활동이 구성원들에게도 유의미하게 다가올 것이다. 더 나아가 동료들 또한 각자 자신만의 품질 강화 활동을 펼쳐나갈 수도 있다.

버그 예방 ⑤ 구성원의 품질 의식 개선하기

    테스트나 QA에 대한 지식을 접하다 보면 품질에 대한 책임은 오롯이 테스터와 QA 엔지니어에게 있다는 착각에 빠지기 쉽다. 품질에 대한 책임은 QA 엔지니어뿐만 아니라 기업의 모든 구성원에게 있다. 단지 QA 엔지니어는 품질과 관련한 업무를 주도적으로 맡아 수행할 뿐이다. 많은 구성원들이 이런 사실을 잘 모르고 품질을 QA 엔지니어에게 맡겨버린다. 새로 빌드한 버전을 테스트할 때 기본 기능조차 동작하지 않거나, 버그가 전혀 수정되지 않았던 경험이 있을 것이다. 수정한 버그에 대한 테스트가 온전히 테스터나 QA 엔지니어의 몫이라고 생각하는 잘못된 인식에서 발생하는 문제다. 개발자 테스트가 성실히 수행된 제품은 테스트 단계 전에 이미 일정 수준의 품질을 확보한 상태다. 따라서 이어지는 테스트 활동에서 테스터나 QA 엔지니어의 불필요한 리소스를 절약하고 더 중요한 부분에 집중할 수 있다.

개발자 테스트가 잘 수행되지 않는 문제를 해결하기 위해 일반적으로 개발자를 위한 체크리스트나 TC를 제공한다. 테스트를 시작하기 전에 개발자들에게 반드시 개발자 테스트를 수행해달라고 신신당부하기도 한다. 하지만 이런 시도는 근본적인 해결 방법이 될 수 없다. QA 엔지니어가 있어야만 하는 방식으로 문제를 해결하려는 조직은 테스터나 QA 엔지니어가 팀을 이동하거나 퇴사하는 등의 이동이 발생할 경우 다시 개발자 테스트를 수행하지 않는 조직으로 되돌아간다. 체크리스트와 TC를 전달하더라도 테스트를 성실하고 꼼꼼히 수행했는지는 알 수 없다. 단순히 점검해야 할 항목에 Pass, Fail 또는 O, X 표기가 되어 있다고 해서 모든 항목에 대해 철저히 테스트했다고 장담할 수는 없다.

대분류	중분류	소분류	체크리스트	기대 결과	확인 결과
로그인	로그인 페이지	계정 입력 필드	계정 미입력 상태	Placeholder 노출	Pass
			비유효한 형식의 계정 입력	에러 메시지 노출	Fail
			유효한 형식의 계정 입력	계정이 정상적으로 입력됨	Pass
		비밀번호 입력 필드	비밀번호 미입력 상태	Placeholder 노출	
			비유효한 비밀번호 입력하여 로그인 시도	로그인에 실패하여 에러 메시지 노출	
			유효한 계정과 비밀번호 입력하여 로그인 시도	로그인에 성공하여 홈페이지로 이동	
	비밀번호 찾기 페이지	비밀번호 찾기	존재하지 않는 계정을 입력하여 비밀번호 찾기 시도	비밀번호 찾기 단계로 이동하지 못하고 에러 메시지 노출	
			...		

▲ 간단한 체크리스트의 예시

여러분과 함께 제품을 만들어가는 동료를 의심하라는 것이 아니다. 그리고 체크리스트와 TC를 제공하는 것이 문제를 해결할 수 없는 활동이라는 것도 아니다. 필자 또한 실무에서 체크리스트를 제공하는 것으로부터 구성원들의 품질 인식 개선 활동을 시작하고 있다. 하지만 여러분이 진정으로 품질을 위해 문제를 개선하기 위해서는 그보다 근본적인 원인을 개선해야 한다는 것을 말해주고 싶다. 체크리스트와 TC를 제공하는 것은 당장 개발 결과물의 품질을 개선하는 데 효과가 있을 것이다. 하지만 지속적으로 좋은 품질의 제품을 만들기 위해서는 당장의 품질을 개선한 뒤 이어서 근본적인 원인을 제거하는 장기적인 후속 활동이 필요하다.

개발자 테스트가 소홀하게 느껴지거나 구성원들이 품질에 대한 책임을 테스터와 QA 엔지니어에게 묻는다고 느끼는 이유는 그들이 아직 품질 강화 활동에 대해 깊이 알지 못하거나 자신도 품질 강화 활동을 해야 한다는 것을 모르기 때문이다. 혹은 품질이 테스터와 QA 엔지니어의 책임이기 때문에 자신이 간섭하는 것이 무례한 행동일지도 모른다는 걱정을 하고 있을 수도 있다.

하지만 제품을 만드는 모든 구성원은 품질에 대해 이미 고려하고 있으며, 자신이 생각하는 최고의 제품을 만들기를 원한다. 누구도 자신이 만든 제품이 유저에게 전달되었을 때 좋지 못한 평가를 받는 것을 원하지 않는다. 이러한 태도에서 이미 그들은 품질에 대한 더 많은 활동을 할 준비가 되어 있다고 볼 수 있다. 구성원들의 품질에 대한 인식을 개선하는 것이 바로 근본적인 원인을 해결하는 방법이다. 그들이 생각하는 품질 개선 활동의 범위를 넓혀주어야 한다. 테스트만이 품질을 개선하는 방법이 아니라는 것을 알려주자.

예를 들어 실제로 구현된 제품을 가장 먼저 사용해보는 것은 개발자일 것이다. 그들에게 고객의 입장이 되어 사용성을 고려하는 방법에 대해 알려준다면 제품이 구현되는 가장 빠른 시점에 사용성 평가가 이뤄질 수 있을 것이다. 그리고 자신이 느낀 문제점을 적극적으로 알리고 개선방안을 찾음으로써 품질을 개선할 수 있다고 알려주자. 이런 활동의 필요성은 비단 개발자뿐만 아니라 모든 구성원이 알고 있어야 할 내용이다.

만들어진 제품에서 치명적인 부분을 식별하는 방법을 교육할 수도 있다. 테스트의 목적이 무엇인지, 테스트 코드를 작성할 때 어떻게 전략적으로 만들 수 있는지 등을 알려주고 개발 프로세스에 포함시킬 수 있다면 그 조직에서 만들어진 제품은 테스터와 QA 엔지니어가 없어도 품질을 보장할 수 있게 될 것이다. 소프트웨어 개발 라이프 사이클의 모든 단계에서 모든 구성원이 각자의 지식과 시각으로 테스트했을 때 품질은 비로소 완성된다. 품질은 모든 구성원이 함께 높여나가는 것이다.

덧붙여 만약 테스트 활동을 모두가 함께 하는 것이라고 말한다면 구성원들은 '그럼 QA 팀은 뭘 하려는 거지?' 같은 생각을 할 수도 있다. 그렇다면 QA 엔지니어는 더 좋은 품질의 제품을 고객에게 제공하기 위해 테스트 업무를 포함하여 조직 차원의 목표를 설정하고, 달성해나가기 위한 다양한 활동인 품질 강화, 버그 예방, 교육, 모니터링, 품질 인식 개선 등의 활동을 하는 사람이라고 알려주자.

버그 예방 ⑥ 품질 개선 활동에 동참 유도하기

지금까지 이야기한 버그 예방 활동의 예시들은 QA 엔지니어가 노력하여 해결할 수 있는 사례다. 하지만 소프트웨어를 개발하는 과정에서 해결해야 할 많은 문제와 버그는 개발 과정 전반에 걸쳐 발생한다. 기획자, 디자이너, 개발자와 같이 개발 과정에 참여하는 모든 구성원의 직무에 대한 전문적인 지식과 이해가 없는 상태라면 해결하기 어려운 문제가 더 많다. 때로는 직무가 아니라 개인의 습관, 품질 의식, 태도 등을 개선해야 할 수도 있다.

버그 예방 활동은 QA 엔지니어가 혼자 할 수 있는 일과 QA 엔지니어가 혼자 할 수 없는 일로 구분할 수 있다. QA 엔지니어가 혼자 해결할 수 있는 문제는 조직이 겪고 있는 모든 문제 중 일부에 불과하다. QA 엔지니어가 혼자 해결할 수 없는 문제 또한 제품의 품질을 저하시키는 원인이므로 포기해서는 안 된다. 단독 조직에서 해결할 수 없는 문제는 여러 조직의 협업을 통해 해결해야 하는데, 일반적으로 높은 기준의 품질 의식을 가진 당사자는 QA이기 때문에 QA가 전체 해결 과정을 조율하는 것이 좋다.

기업은 수익을 창출하려는 조직이다. 그 안에서 일하는 직원들과 동료들은 업무의 목적이 기업을 위한 수익을 창출하는 데 맞춰져 있으므로 숫자에 민감하게 반응하기 마련이다. 따라서 단순히 품질에 대한 의미를 강조하고 교육하는 방법으로 동참을 유도하는 것은 효과적이지 않을 수 있다. 왜냐하면 품질 활동에 그들의 노력까지 필요한 이유를 느끼지 못하기 때문이다. 오히려 빠르게 제품을 출시하고 싶어 하는 입장에서 여러 가지 프로세스를 추가하고 개선하려는 QA 엔지니어의 행동이 기업의 수익을 위한 목적과 상반된다고 생각할 수도 있다. 이런 관점에서 구성원들의 동참을 유도할 수 있는 가장 좋은 수단은 수치적으로 계산된 데이터다.

QA 엔지니어가 혼자 할 수 있는 품질 강화, 버그 예방 활동을 먼저 시작하자. 그리고 수치적인 데이터로써 활동 전과 후의 결과를 비교해 우리의 제품이 더 나아지고 있다는 사실을 공유해야 한다. 이것부터 시작해야 구성원들이 여러분의 이야기에 귀를 기울이고 다양한 활동의 결과를 지켜보게 될 것이다. 데이터를 이용해 구성원들의 흥미를 이끌었다면 작고 쉬운 단위의 활동부터 동참시킬 수 있을 것이다.

앞에서 이야기했듯이 가장 빠르게 좋은 효과를 볼 수 있는 체크리스트와 TC를 개발자들에게 수행하도록 하여 개발자 테스트 수행 전과 후의 효과를 수치로 보여줄 수 있을 것이다. 그렇게 구성원들이 수행한 결과에 대해 제품의 품질이 얼마나 좋아졌는지 꾸준히 공유하자. 구성원들의 노력을 치하하는 말도 필요할 것이다. 이런 활동이 지속된다면 구성원들의 흥미는 곧 동기를 유발하게 된다. 어느새 QA 엔지니어가 들고 오는 새로운 과제들을 함께 수행했을 때 우리의 제품이 얼마나 더 좋아질지 기대하게 된다.

테스트와 버그에 대한 인식을 바꿔줄 필요도 있다. 제품을 만드는 것이 목표인 구성원들에게 버그를 찾아내는 활동은 일종의 장애물이다. 앞으로 나아가는 제품의 개발 방향과 역행하여 과거에 만든 기획, 디자인, 기능과 모듈에서 다시 한번 작업을 하게 만들기 때문이다. 하지만 많은 구성원들이 간과하고 있는 것은 테스트를 통해 발견한 버그를 모두 해결해야 제품이 완성된다는 사실이다. 제품이 완성되는 시점에 대한 인식을 바로 세워야 한다. 버그를 찾음으로써 제품의 품질이 한층 더 좋아졌다는 인식을 심어야 한다. 이런 활동을 통해 궁극적으로 지향해야 할 목표는 구성원들이 테스트와 버그에 대한 긍정적인 인식을 갖게 하는 것이다. 테스트와 버그에 긍정적인 구성원들은 자발적으로 테스트에 더 많은 노력을 기울일 것이며, 더 많은 구성원들이 테스트에 적극적으로 임하면 테스트의 결과 또한 더욱 좋아진다.

테스트에 대한 이해도 넓힐 수 있다. 다른 직무의 구성원들이 일반적으로 인식하는 테스트는 기능 테스트에 그친다. 하지만 테스트의 종류에는 비기능 테스트도 포함되며 기획서, 디자인, 개발 산출물과 다양한 문서를 리뷰하는 것 또한 테스트 활동이라는 것을 알려줄 필요가 있다. 이렇게 구성원들의 동참을 유도하여 더 넓은 범위에서, 더 이른 단계에서 제품을 다양한 전문적인 시각으로 살펴볼 수 있다. 그 결과 우리의 제품은 더 완벽해진 상태로 유저에게 도달할 것이다.

품질을 강화할 수 있는 대표적인 예시에 대해 이야기해보았다. 여러분이 실무에서 마주치게 될 상황에서 품질 강화를 위해 수행해야 할 활동들은 훨씬 다양하겠지만, 그 또한 앞에서 이야기한 예시에서 파생될 것이다. 이런 활동을 주도적으로 추진하고 그 결과에 대한 수치적인 데이터를 확인하며 더 나은 방향을 모색함으로써 제품의 품질을 강화할 수 있다.

이러한 활동들은 결코 기능 테스트와 같이 단순하거나 반복적일 수 없다. 성공적으로 품질을 강화하는 QA 엔지니어는 굉장히 적극적이고, 창의적이어야 하며, 인간과 업무에 대한 깊은 통찰력이 필요하다. 이런

테스트 너머의 QA 엔지니어링

활동을 해야 하는 직무가 과연 가치가 낮다고 할 수 있을까? 혹시 자신이 테스터와 QA 엔지니어의 업무를 너무 제한적으로 인식하고 있는 것이 아닌지 생각해보자. 나의 다양한 시도로 조직 차원에서 겪고 있는 문제를 하나씩 해결해 나갈 때 비로소 진정한 QA의 즐거움을 느낄 수 있을 것이다.

5

⁉

QA 엔지니어처럼
생각하기

지금까지 필자가 생각하는 QA 엔지니어에 대한 이야기를 해보았다. 여러 사례의 이야기 중 본인에게 필요한 활동을 충실히 해내고 있다면 여러분은 이미 훌륭한 QA 엔지니어라고 할 수 있다. 하지만 아직 어떤 활동을 어떻게 시작해야 할지 구체적으로 감이 잡히지 않는 사람도 있을 것이다. 앞으로 이야기할 QA 엔지니어의 마인드셋에 대한 이야기는 여러분이 테스팅 너머의 다양한 활동을 위한 첫 발을 뗄 수 있게 도와줄 것이다.

훌륭한 QA 엔지니어로 성장하기 위해서는 적극적인 자세로 우리 주변에서 일어나고 있는 많은 상호작용에서 품질을 해치는 요소를 찾아야 한다. 그리고 해당 요소를 제거하여 품질을 개선하는 데 열성적으로 나서야 한다. 그러나 이런 활동을 주저하게 만드는 이유 중 하나는 '아직 나는 QA에 대해 잘 모르는데 내가 나서서 해도 될까?', '내가 하는 활동이 품질을 개선하는 활동이 맞나?'와 같이 확신이 없다는 데 있다.

앞에서 말한 대로 모든 활동에서 유효한 결과보다는 그렇지 않은 결과가 더 많이 발생한다는 것을 명심하자. 유효한 결과를 달성하지 못했다 하더라도 그 과정에서 경험하고 학습한 내용들은 여러분이 훌륭한 QA 엔지니어로 성장하는 데 충분한 도움이 될 것이며, 이후 품질 강화 활동을 성공적으로 해내는 데 좋은 선례가 될 것이다. 그래도 적극적으로 나서는 것이 망설여진다면 적어도 함께 일하는 동료에게 적극적으로 의견을 전달해보자. 더 많은 사람이 함께 고민할수록 더 좋은 결과를 내는 데 도움이 된다.

적극성과 더불어 함께 갖춰야 할 좋은 태도는 호기심이다. 제품에 대해 더 깊이 알고 싶어 하는 태도는 우리의 제품을 더 집요하고 치밀하게 테스트할 수 있게 한다. 제품에 적용된 기술이나 구조에 대한 약점을 학습하거나 새로운 테스트 기법, 테스트 사례 등을 꾸준히 조사하고 제품에 실험해보는 태도는 곧 여러분의 역량을 빠르게 키워줄 것이다.

틀에 얽매이지 않는 사고를 하는 것도 중요하다. QA 엔지니어는 기획자, 디자이너, 개발자, 기업, 고객, 그 사이에서 모두의 입장을 대변할 수 있는 사람이어야 한다. 따라서 어느 한쪽의 입장에 치우치지 않고 모두가 만족할 만한 중간 지점을 찾을 수 있는 유연한 사고를 할 수 있어야 한다.

간혹 주위의 동료 중에는 기능 테스트에 집중한 나머지 제품이 가지고 있는 더 많은 방면에 관심을 보이지 않는 사람도 있다. 집중해서 TC를 수행하는 것도 물론 성실하고 책임감 있는 행동이지만, 더 다양한 방면에서 좋은 품질을 보유하기 위해서는 테스팅 외 다양한 방면에서 제품을 바라보는 시각이 필요하다. 여러 이해관계자들의 입장을 고려해보면 제품의 기능 외에도 분명 수많은 요소들이 리스크로 존재하는 것을 알 수 있다.

QA + 엔지니어

채용 공고나 기업의 직무 분류에서 일반적으로 테스터를 테스트 엔지니어, QA를 QA 엔지니어라고 칭한다. 따라서 여러분이 '엔지니어'라고 불리는 것에 대해 대수롭지 않게 여길 수 있다. 단순히 기업에서 테스터, QA라고 부르기에 전문적이지 않아 보여 엔지니어라는 수식어를 달아주었다고 생각할지도 모른다. 하지만 직무 명은 그 직원이 어떤 일을 하는 사람인지 한 번에 알 수 있도록 하는 이름이다. 기업이나 동료들이 여러분들에게 기대하고 원하는 직무의 내용이 담겨 있는 것이다. 즉 테스트 엔지니어는 테스트로 엔지니어링을 해야 하는 사람이며, QA 엔지니어는 QA로 엔지니어링을 해야 하는 사람이다. 그제야 비로소 기업과 동료의 기대를 충족하는 인재가 될 수 있다. 그렇다면 QA 엔지니어라는 직무에 대해 살펴보도록 하자.

QA 엔지니어는 앞에서 말했듯 제품의 품질을 개선하기 위해 전사적인 목표를 설정하고 그것을 달성하여 경쟁 기업, 경쟁 제품보다 우위를 점해야 한다. 또한 고객에게 질 좋은 서비스와 만족감을 제공하고 더 많은 고객을 확보해 기업의 이익에 일조해야 한다. QA 엔지니어는 이와 같은 목표를 달성하기 위해 자신이 갖춘 지식과 기술을 활용해 자신, 조직, 기업이 겪고 있는 문제를 해결하고, 궁극적으로 더 높은 품질을 달성하기 위해 다방면으로 노력해야 한다.

문제를 인식하고 해결하는 방법을 QA답게 해내는 사람이 바로 QA 엔지니어라고 할 수 있다. QA 엔지니어가 엔지니어로서 궁극적으로 해결해야 할 문제는 품질이다. 품질이 정체되는 문제, 품질이 저하되는 문제들을 인식하여 폭넓은 시야로 바라보고 그 원인을 찾아야 한다. 찾아낸 원인을 QA 엔지니어가 가진 지식과 역량으로 해결하여 더 좋은 품질을 달성해내야 한다. 품질과 관련하여 가장 쉽게 식별할 수 있는 문제는 고객들의 불만일 것이다. 고객의 소리에 귀를 기울이면 우리 제품의 문제를 알 수 있게 된다. 버그가 너무 많거나, 사용성이 좋지 않거나, 보안상의 이슈나, 성능이 좋지 못할 수도 있다. 그렇게 식별한 문제에 대해 원인을 파악해보자.

제품에 버그가 너무 많은 것이 문제라면 먼저 버그가 발생하는 것으로 의심되는 지점부터 살펴봐야 한다. 그리고 그 안에서 더 정확한 원인을 찾아가야 한다. 기획이 명확하지 않거나 우리 제품에 대한 깊은 이해가 없어 영향 범위를 충분히 고려하지 못했을 수 있다. 기획이 원인이라면 어떻게 기획에 대한 문제를 해결할 수 있을까? 당장 시작할 수 있는 활동은 기획 리뷰를 전보다 더욱 철저하고 성실하게 수행하는 것이다. 제품 개발에 참여하는 모든 구성원들이 충실히 기획 리뷰를 수행하게끔 해서 기획의 구멍을 모두 함께 채워주어야 할 것이다.

관리자가 무리한 일정을 요구한 탓에 버그가 많이 발생할 수도 있다. 무리한 일정을 강행했을 때 어떤 문제가 발생하고, 그것이 우리 제품과 기업에 어떤 악영향을 미치는지 조사하여 데이터로 소통해야 한다. 진행 중인 개발 프로젝트의 난이도에 대비하여 얼마큼의 일정이 할당되어야 구성원들이 무리 없이 양질의 제품을 만들어낼 수 있는지 실험을 통해 알아볼 수 있다. 그리고 그 결과를 모두 공감할 수 있도록 데이터와 함께 자료로 공유하여 프로젝트의 규모에 알맞은 일정을 할당받는 식으로 해결해야 한다.

팀원 간에 의사소통이 부족한 것도 품질 저하의 원인이 될 수 있다. 이런 문제는 기술적인 해결보다 인간적인 방법이 필요할 것이다. 커피챗 Coffee Chat 또는 간단한 회식 등을 통해 팀원 간에 친밀도를 높이고 더 자주 의사소통할 수 있도록 도울 수 있다. 또는 개발 단계마다 상시로 의사소통할 수 있는 장치를 마련해보자. 서로가 가진 의문이나 개발 현황 등을 자주 공유하여 프로젝트에서 발생하고 있는 문제를 빠르게 파악하고 논의할 수 있을 것이다. 중요한 것은 언제 어디서든 누구나 쉽게 프로젝트에 대한 이야기를 시작하고 참여할 수 있는 분위기를 만들어야 한다는 점이다.

프로젝트나 제품 자체의 규모가 너무 커 충분히 테스트를 하기가 어려울 수도 있다. 이때는 테스트를 더욱 전략적으로 설계하고, 제품의 규모에 적합한 테스트 프로세스로 개선하거나 TC를 고도화, 현행화해야 한다. 자동화 테스트를 도입하여 일정 영역에 대해 자동으로 테스트를 수행함으로써 더 중요한 기능과 영역에 대해 더욱 수준 높은 테스트를 수행할 수 있는 시간을 확보할 수도 있다. QA 엔지니어나 테스터의 역량이 부족해 전략적인 테스트를 수행하지 못하고 있다면 경험이 풍부한 QA 엔지니어나 테스터와 짝을 이뤄 업무를 충분히 경험하게 해보거나 실무에 대한 교육이 이뤄져야 한다.

버그가 많이 발생하는 문제를 예로 들어 원인을 파악하고 문제를 해결하기 위한 방법의 대표적인 예시들을 살펴보았다. 여러분은 이보다 훨씬 다양하고 어려운 문제들을 많이 마주할 것이다. 따라서 구체적인 사례들을 조사하는 것도 중요하지만 문제 해결에 필요한 역량은 자신이 속한 조직이 당면한 문제를 발견할 수 있는 좋은 눈이다. 그리고 그것을 해결하기 위해 나설 수 있는 적극성과 해결 방법을 찾아낼 수 있는 유연한 사고 역시 중요하다.

이런 문제들을 인식하고 해결하는 과정에서 한 가지 더 놓쳐선 안 될 것은 역시나 결과에 대한 모니터링이다. 문제를 해결한 뒤 얼마나 개선되었는지 수치적으로 비교할 수 없다면 문제 해결에 대한 확신을 가질 수 없다. 문제 해결을 위해 선정한 방법이 언제나 좋은 결과를 가지고 올 수 없다. 그 방법이 오히려 상황을 악화시킬 수도 있기 때문에 반드시 수치적인 데이터로 결과를 보며 해결 방향을 조정해주어야 한다.

QA '엔지니어'가 되어야 하는 이유

이 책에서는 필자의 경험을 토대로 QA 엔지니어에 대한 이야기를 하고 있다. 하지만 이것이 정답이라고 말하는 것이 아니라는 것을 다시 한 번 밝힌다. 여러분이 속한 환경은 필자가 경험한 환경과 전혀 다를 수 있다. 그 안에서 마주하게 되는 문제와 문제를 해결해야 하는 방법 또한 필자가 알고 있는 방법과 큰 차이를 보일 수 있다. 더 가치 있는 테스터나 QA 엔지니어가 되기를 원한다면 자신의 직무에 대해 명확히 이해하고 있어야 한다. 앞에서 이야기한 엔지니어링 활동 예시로부터 여러분이 처한 상황에 맞는 각자의 길을 찾아보자.

나와 구성원, 조직이 겪고 있는 문제를 인식하지 않고, 해결하려 하지 않는 사람은 테스트 '엔지니어', QA '엔지니어'라고 할 수 없다. 스스로 문제를 인식하고 해결하려는 행동은 기존의 틀을 깰 만큼 굉장한 적극성이 필요한데 이런 시도가 없다면 소극적이고 수동적인 자세로 업무를 할 수밖에 없다. 여러분이 할 수 있는 업무와 해야 하는 업무 중에서도 최소한의 업무만 하고 있는 상태에서 직무에 대한 가치를 느끼지 못하고 있다면 그것은 테스터와 QA 엔지니어라는 직무의 탓이 아니다.

엔지니어링을 하지 않는 QA 엔지니어는 스스로 자신의 직무에 가치를 느끼지 못할 뿐만 아니라, 주위에서도 QA 엔지니어를 '테스트하는 사람'으로 그 가치를 잘못 인식하게 만든다. 주위의 잘못된 인식은 자신의 직무에 자부심을 가지고 적극적인 태도로 임하는 사람들에게도 악영향을 미치게 된다. 필자의 지인 중 몇몇은 소규모 기업에 1인 QA 엔지니어로 재직하고 있다. 만약 QA 엔지니어로서 풍부한 경험을 해보고 자신만의 소신과 기준을 이미 갖춘 사람이라면 1인 QA 엔지니어라도 품질을 위해 어떻게 업무를 해야 할지 알고 있을 것이다. 하지만 아직 QA 엔지니어로서 충분히 숙련되지 않은 사람이 1인 QA 엔지니어가 되었을 때는 안타까운 상황을 자주 전해 듣게 된다.

일반적으로 소규모 기업에서 1인 QA 엔지니어를 채용할 때 그들이 원하는 업무는 기능 테스트에 그친다. 체계적이지 못한 테스트 프로세스 탓에 제품이 개발되면 빠르게 기능 테스트만을 해줄 사람을 원하는 것이다. 체계적이거나 전략적인 테스트를 수행하는 방법을 학습할 수 있는 기회나 시간조차 주어지지 않는다. 그리고 그런 상황에서 업무를 진행해온 QA 엔지니어는 단순한 업무만을 하며 성장에 대한 확신이 없는 것에 대해 자신이 문제라고 생각하기도 한다. 혹여 스스로 학습하여 자신이 문제가 아님을 인식하더라도 QA 엔지니어다운 역량을 갖추기가 매우 어렵다.

QA 엔지니어가 어떤 일을 해야 할지, 어떻게 일을 해야 할지 터득할 수 없기 때문에 이후에 성공적인 이직의 가능성 또한 낮을 것이다. 결국 스스로 QA 엔지니어라는 직무에 대해 테스트하는 사람이라는 잘못된 인식을 가지고 업계를 떠나게 될지도 모른다. 필자의 작은 바람은 주위의 잘못된 인식 때문에 QA 엔지니어로서 방황하게 되는 상황이 자신의 잘못이거나 직무의 잘못이 아님을 알았으면 한다는 것이다.

문제를 해결하는 것이 꼭 대단하거나 어려운 일만은 아니다. 여러분이 기존에 작성된 TC에 대한 불만이 생겼고 TC를 고도화해본 경험이 있다면 그것 또한 여러분이 겪고 있는 품질 업무에 대한 문제를 해결한 것이다. 따라서 누구나 작은 단위의 문제 해결은 충분히 해낼 수 있다. 그런 경험이 쌓이며 자연스럽게 더 많은 사람들에게 영향을 주는 문제를 인식하고 해결하기 위한 태도를 몸에 익히게 된다. 문제 해결의 결과가 구성원과 조직을 도울 수 있는 영역까지 확장되었을 때, 테스터와 QA 직무는 여러분에게 새로운 기회를 열어줄 것이다.

챗GPT를 비롯한 생성형 AI가 세상에 처음으로 등장했을 때 그것의 무한한 가능성에 온 세상은 엄청난 충격을 받았다. 심지어 세상에 존재하는 많은 직업은 AI에 의해 그 자리가 대체될 것이라고 전망했다. 그럼에도 할루시네이션(환각), 모델 붕괴, 추론 가능성 등 기술적인 한계로 인해 그 AI의 결과물을 전적으로 신뢰할 수 없으며, 창작의 영역이나 전문적인 역할을 완벽하게 대체하는 데에는 오랜 시간이 필요하리라는 의견도 많았다. 그러나 생성형 AI는 불과 몇 년 동안 엄청난 속도로 발전했고, 위에서 언급한 수많은 문제 또한 빠르게 해결되고 있다. 아직도 많은 문제들이 남아 있고 앞으로도 많은 문제들이 생겨나겠지만, 이러한 문제를 해결하는 것도 시간 문제일 뿐이다.

문제가 생겼을 때 생성형 AI는 구글과 네이버에서 지식을 검색하는 것보다 훨씬 빠르게 솔루션을 제시한다. 실제로 수많은 사람에게 업무와 일상에서 많은 도움을 주고 있다. 그리고 생성형 AI를 더 효율적으로 사용하기 위한 프롬프트 엔지니어링과 같은 기술이 주목을 받는다.

최근 필자는 생성형 AI의 기술을 이용하여 요구사항으로부터 체크리스트를 도출해내는 작업을 실험해보았는데, 결과물이 의외로 괜찮았다. 이에 그치지 않고 프롬프트 엔지니어링을 학습하여 더 체계적인 프롬프트를 작성한 결과, 기본적인 기능 검증 항목을 AI에게 대신 맡겨도 될 정도의 결과물을 받아볼 수 있었다.

생성형 AI의 특성을 깊이 이해할수록 가능성은 무한해진다. 생성형 AI가 발전하고 생성형 AI를 활용하는 방법이 발전할수록, 비교적 단순한 테스트 업무는 머지않아 AI가 상당 부분 대체할 것임을 확신한다.

그러나 개인과 조직의 문제를 파악하고 이를 해결하기 위한 방법을 시도하고, 문제 해결을 위해 사람들에게 의지와 사기를 불어넣는 것 등은 상황에 대한 이해, 배경지식, 인간적인 사고방식을 이용한 접근과 시도가 필요하다. 그렇기에 앞으로는 가치 있는 QA 엔지니어가 되기 위해서 사람만이 할 수 있는 일을 해내야 한다. 생성형 AI와 같이 도움이 되는 기술을 적절히 활용하여 비교적 단순한 업무에 들이는 시간을 줄이고, 더 중요한 문제를 해결하는 등 더 높은 차원의 품질을 달성하기 위한 노력으로 QA 엔지니어로서 가치를 유지해야 한다.

QA 엔지니어의 사고방식

QA 엔지니어는 품질을 저하시키는 문제를 해결하기 위해 주체적으로 생각해야 한다. 예를 들어 개발 과정 후반에 너무 많은 버그가 발견된다는 문제가 있을 때 테스트를 좀 더 이른 시점에 시작해야 한다는 해결 방법을 생각할 수 있을 것이다. 하지만 보통 문제를 일으키는 원인은 아주 복잡하게 얽혀 있다. 기업의 문화, 개발 프로세스, 개인의 성향, 업무 강도, 실무자의 역량, 인력, 외부 요인 등 이런 요소들을 깊게 고려하지 않고 단순히 표면에 드러난 문제에만 집중하다가 제시한 해결 방법은 오히려 더 큰 장애물이 될 수도 있다.

이처럼 다양한 원인을 고려하지 못한 해결책은 문제를 효과적으로 해결할 수 없을 뿐만 아니라 더욱 악화시킬 수도 있다. 또한 해당 방법을 꾸준히 지속할 수 없게 되어 해결 방법을 논의하거나 도입하기 위해 들인 시간들이 무의미해진다. 이런 관점에서 단순히 테스트를 이른 시점에 시작한다는 것은 추상적이다. QA 엔지니어는 더 구체적이고 전략적인 해결 방법을 찾기 위해 노력해야 한다.

먼저 문제에 대한 원인을 객관적으로 분석할 수 있어야 한다. 개발 과정 전반에 걸쳐 진단을 하고 문제를 안고 있는 구성원의 습관이나 성향도 고려해야 한다. 제시된 해결 방법을 동료들이 충분히 수행해낼 여유가 있는지 난이도나 리소스 또한 고려해야 한다. 이런 과정을 통해 개발 과정 후반에 너무 많은 버그가 발견되는 문제의 원인을 명확하게 파악하고 현재 가용한 테스터와 QA 엔지니어의 리소스를 활용하여 가장 효과적인 방법을 찾아내는 것이 옳은 방향이다. 이런 요소들을 충분히 고려하지 않는다면 프로젝트가 원활하게 진행되지 않고 품질이 저하되는 문제의 원인이 무리한 해결 방안을 제시한 당사자가 될지도 모른다.

제시된 해결 방안을 따라 성실히 수행하는 것도 효과적으로 문제를 해결하는 데 꼭 필요하다. 그리고 '왜' 이런 방법을 사용해 '어떤' 문제를 '어떻게' 해결하려고 하는가와 같이 목적을 명확하게 인지하고 수행한다면 목적을 달성하기 위한 더 나은 방법을 도출할 수 있을 것이다. 더 나아가 미래에 다시 마주할 비슷한 문제를 해결할 능력을 갖추게 된다.

문서 리뷰와 기능, 비기능 테스트를 포함한 테스트 활동은 버그를 찾기 위한 활동이다. QA 엔지니어는 기획과 디자인, 제품에서 잘못된 부분을 찾아내기 위해 삐딱하게 바라볼 필요가 있다. '이 기획대로 제품이 개발되어도 괜찮은가? 제품의 디자인이 사용성에 문제가 되지 않나? 무거운 작업을 했을 때 처리 속도가 너무 늦지 않은가? 등과 같이 리스크를 찾기 위한 생각이 필요하다.

그러나 제품에 대한 타당한 근거가 없는 걱정은 오히려 QA 엔지니어의 의견을 더욱 묵살하게 되는 결과를 낳게 된다. 제품에 대해 부정적인 의견을 제시할 때는 구성원들이 충분히 납득할 수 있는 근거가 있어야 한다. 제시한 의견이 터무니없다면 프로젝트 진행을 방해하는 요소일 뿐이다.

QA 엔지니어는 가끔 제삼자가 되어 객관적으로 제품에 대해 생각하고 평가할 수 있어야 한다. 일반적으로 제품에서 걱정되는 요소에 대한 근거는 고객이 제품을 사용했을 때를 가정한 사용성이나 만족도, 리스크에 대한 것이거나 기업의 이미지, 수익 등에 대한 피해와 같은 구성원들이 미처 생각하지 못하는 것들이다. 제삼자의 입장에서 고려한 리스크를 납득 가능한 근거와 함께 제시한다면 비록 의견이 받아들여지지 않더라도 동료들은 QA 엔지니어의 든든함을 느끼게 될 것이다.

QA 엔지니어의 의사소통

제품에 의문을 제기할 때 '사람은 누구나 지적당하는 것을 싫어한다'는 사실을 유의해야 한다. 자신이 만든 결과물에 대한 지적을 곧 자신에 대한 지적으로 받아들일 수 있다. 지적받은 상대방은 과도하게 방어적이거나 공격적으로 반응하게 된다. 필자 또한 다른 구성원에게 메시지를 보내거나 자리로 찾아가 말을 걸었을 때 상대방이 '또 어떤 문제가 생긴 걸까?'라는 생각에 불편해하거나 질문에 대해 과도하게 변명을 하는 상황을 많이 겪어보았다. 일단 대화를 할 때 상대방의 기분이 상했다면 제품의 품질만을 바라보고 이성적으로 대화하는 것은 어려워진다. 대화에 감정이 섞이기 때문이다. 그러므로 QA 엔지니어에게는 다양한 구성원들의 입장을 고려하여 원활하게 의사소통하는 역량이 필요하다.

테스트 너머의 QA 엔지니어링

먼저 다른 구성원들이 QA 엔지니어와 대화를 꺼려 하는 이유를 생각해보자. QA 엔지니어는 보통 기획, 디자인, 제품에 대해 지적을 한다. 우려되는 요소와 기능상의 버그를 찾아 전달하게 되는데, 그들에게는 처리해야 하는 일거리를 더하는 것과 같다. 혹자는 자신의 실수를 들키는 것 같아 부끄러워하기도 한다. 이런 이유로 QA 엔지니어는 직무 특성상 구성원들에게 대화하기 어려운 사람이 되고는 한다. QA 엔지니어와 대화하기 싫다는 감정이 생기면 제품에 대해 열린 마음으로 대화할 수 없다. 따라서 QA 엔지니어와의 대화가 즐겁지 않다는 인식이 생기지 않도록 주의하자.

제품의 리스크에 대해 말할 때는 온화한 태도로 이야기하자. QA 엔지니어는 고객의 입장에서 사용성을 평가하게 되므로, 구성원들에게는 큰 문제가 되지 않을 것이라고 생각하는 요소도 QA 엔지니어에게는 짚고 넘어가야 할 요소가 된다.

QA 엔지니어가 제시하는 의문에 구성원들이 과도한 걱정이라는 식으로 반응한다면 QA 엔지니어도 한발 물러서서 상황을 다시 살펴볼 필요가 있다. 다른 구성원들이 QA 엔지니어의 의견에 공감하지 못한다면 당장 수정할 필요가 없거나 다음 배포 시점에 수정해도 충분할 정도의 리스크인 경우도 있을 것이다. 아니면 해당 리스크를 이미 고려한 상태에서 제품을 배포하는 것으로 논의되었을 수도 있다. 구성원들의 의견을 들어봤을 때 그들의 의견에도 공감이 간다면 그 의견도 수용할 수 있는 유연함을 보여주자.

구성원에게 감사를 표하거나 노고를 치하하는 말을 자주 하는 것도 도움이 된다. 여러 지표를 살피며 제품이 어떻게 나아지고 있는지, 노력의 결과가 만족스러운지, 앞으로 어떻게 나아가면 좋을지 등의 대화를 해 보자. 그럼 그들도 QA 엔지니어가 본인의 노력을 올바르게 볼 줄 알며 진정으로 제품을 위한 대화를 원하는 사람이라는 것을 알게 될 것이다.

구성원들과 사적으로 친해지는 것도 QA 엔지니어가 의견을 쉽게 전달하는 데 도움이 된다. 티타임을 가지거나 가벼운 얘기를 자주 하며 QA 엔지니어가 아닌 사람 대 사람으로서 대화하기 쉬운 대상이 되어야 한다. QA 엔지니어가 문제 요소에 대해 지적할 때 격을 갖춘 어투로 말하는 것보다는 친한 상대와 대화하듯 가볍게 전달하는 것이 상대방의 거부감을 줄여줄 것이다. 그리고 여러분을 QA 엔지니어가 아닌 사람으로서 대할 수 있기 때문에 쉽게 털어놓지 않는 이야기도 할 수 있게 된다.

대화하기 쉬운 QA 엔지니어는 구성원들로부터 더 많은 정보를 얻어낼 수 있고, 이로써 제품에서만 보이던 리스크뿐만 아니라 리스크가 생기게 된 원인도 알 수 있게 될 것이다. 리스크의 원인을 제거하기 위해 품질 강화 활동을 할 때도 좀 더 다양한 요구를 마음 편히 하기 위해 구성원들과 친해지는 것은 필수다. QA 엔지니어가 무서운 사람이 아니라는 것을 알려줘야 한다.

의문 갖기

필자가 주니어였던 시절 가지고 있었던 좋지 못한 습관 중 한 가지는 기획과 디자인, 개발 결과물을 있는 그대로 받아들였다는 것이다. 그뿐만 아니라 개발자, QA 팀 팀장을 비롯한 동료들이 하는 이야기도 그대로 받아들였다. 그렇기 때문에 제품이 전달되면 어떤 의문도 가지지 않고 배운 방식 그대로 정해진 테스트만을 수행했다. 테스트 결과가 기대 결과와 맞지 않아 버그를 보고했을 때도 "버그가 아니라 기능입니다"라는 기획자와 개발자의 말을 그대로 믿고 TC를 수정했다.

그러나 주체적인 QA 엔지니어는 모두가 당연하다고 말하고 있는 것에 의문을 가져야 한다. 의문을 가지지 않는다면 더 좋은 품질을 달성하기 위한 시작을 할 수 없다. 의문을 갖지 않는 QA 엔지니어는 절대로 좋은 QA 엔지니어로 성장할 수 없다.

처음부터 의문을 품는 일은 어렵다. 그동안 신경 쓰지 않았던 많은 요소들에 대해 아주 깊게 생각하는 습관을 가져야 하기 때문이다. 담당하는 제품을 사용해보며 누구나 한 번쯤은 해봤을 '이 기능은 조금 불편하다', '이 글씨는 배경과 색깔이 비슷해 잘 안 보인다'와 같은 생각으로부터 의문을 갖는 습관을 가질 수 있다. 이러한 생각들은 '불편하다고 느낀 기능은 왜 불편했을까?', '나만 불편한 것일까?', '유저들은 어떻게 생각하고 있을까?'와 같은 의문으로 발전할 수 있다.

의문을 가지면 자신이 느낀 문제에 대한 근본적인 원인에 접근하게 되는 사고를 시작할 수 있다. 비록 기획에 부합하게 개발된 기능이라고 하더라도 의문이 생기는 지점을 파고들어 깊이 생각하다 보면 '과연 그 기획은 고객에게 충분한 편의와 가치를 줄 수 있는 것인가?'와 같이 더 나은 제품을 위한 고민이 시작될 것이다.

　기획 리뷰는 제품을 개발하는 구성원들이 기획을 이해하는 수단이기도 하지만, 기획에 대한 많은 질문과 대화를 통해 기획을 좀 더 완벽하게 만들어가는 과정이기도 하다. 기획이 지금과 같이 만들어진 이유에 대해 의문을 가지고 대화를 나누다 보면 기획자가 고객에게 어떤 가치와 의도를 전달하고 싶은지 알 수 있다. 그리고 의문을 따라 제품과 기획을 깊게 볼 수 있게 되어 '현재 만들어진 기획이 고객에게 전달하고 싶은 가치와 의도를 정말 잘 전달할 수 있는가?'와 같이 더 근본적인 의문으로 확장할 수 있다.

　수많은 의문과 논의를 통해 모든 구성원이 머리를 맞대어 고민했더라도 제품에 담긴 가치와 의도가 100% 전달되는 일은 드물다. 제품을 만드는 주체는 사용자의 입장을 100% 이해할 수 없기 때문이다. 의문이 생긴 지점에 대해 구성원들과 충분히 이야기를 나누고 더 나은 방법을 찾아가는 과정이 있어야 구성원들은 제품에 담긴 의도를 고객에게 좀 더 명확하게 전달할 수 있다.

　이런 의문을 가져야 할 대상은 제품이나 기획뿐만이 아니다. 사람에 대한 의문도 가져야 한다. 잦은 실수를 하는 개발자가 만든 제품을 좀 더 신경 써서 테스트하는 것도 그 사람에 대한 의문이 있기 때문이다. 그 의문을 좀 더 근본적으로 확장해보자. '그 개발자는 왜 실수를 자주 하는 것일까?', '어떤 요소를 개선하면 개발자가 실수를 덜 할 수 있을까?' 이런 의문들은 QA 엔지니어가 현상에 대해 좀 더 명확하게 인지할 수 있게 하고, 더 나아가 해결책을 생각해낼 수 있게 한다.

팀 내부적인 요인에 대해서도 의문을 가지는 것은 더 나은 품질을 달성하는 데 도움이 된다. 현재 팀이 사용하고 있는 TC의 형식이나 툴이 불편하다고 느껴진다면 그것에 대해 의문을 가져보자. '왜 이런 TC 형식을 사용하게 되었을까?', '왜 이 툴을 사용해 TC를 관리하는 것일까?' 이런 의문을 가지고 더 나은 형식과 툴을 찾을 수도 있다. 혹은 TC의 형식과 툴이 지금과 같이 정해진 배경과 목적을 모르고 그저 정해진 대로 사용했기 때문에 불편했다고 느꼈을 수도 있다. 마냥 불편하게 생각했던 TC 형식과 툴에 대해 의문을 가지고 깊게 생각하다 보면 지금과 같이 정해진 배경과 목적을 알게 될 수도 있다. 의문을 가지고 그 배경과 목적을 명확하게 인지하게 된다면 불편함은 곧 납득이 될 것이다. 그리고 그 목적을 달성하기 위해 더 잘 활용하는 방법을 찾게 될지도 모른다.

하지만 의문을 가지라는 것이 현재 상황에 대한 부정적인 면만 생각하면서 구성원들에게 반대하라는 의미는 아니다. 기본적으로 의문을 가지는 것은 타인의 행동과 결정에 대해 의심하는 것으로부터 시작한다. 따라서 좋지 않은 의문은 타인의 기분만 상하게 하고 비협조적인 태도를 불러일으킨다. 내가 가진 의문이 타당한 의문인지에 대해서도 의문을 가져야 한다. 내가 제시하는 의문으로부터 더 나은 제품이, 더 많은 이익이 발생할 것인지, 함께 제품을 만들어 가는 구성원들에게 좋은 인사이트를 제공할 수 있는 의문인지와 같은 고민을 거치는 것이 좋다. 의문을 가지고 구성원들에게 제시하는 것의 궁극적인 목표는 더 나은 프로세스, 더 나은 산출물, 더 나은 제품을 통해 더 나은 가치를 제공하여 이익을 발생시키는 것에 있다.

의문을 가져야 하는 이유에 대해 몇 가지 예시를 들었다. 이런 예시들을 넘어서 여러분과 상호작용하는 모든 것에 의문을 가지는 습관을 들이자. 제품에 영향을 주는 현상들을 있는 그대로 받아들인다면 제품은 더 발전할 수 없다. 수많은 요소에 대해 의문을 가지고 근본적인 원인과 목적을 생각한다면 개인이 그것을 달성하기 위해 무엇을 개선해야 할지, 어떻게 행동해야 할지 알게 된다. 그로 인해 여러분의 업무 효율 또한 비약적으로 상승할 것이다.

제품과의 거리 조절하기

QA 엔지니어는 제품과 적당한 거리를 유지해야 한다. 제품과 너무 가까워도, 너무 멀어도 안 된다. 제품과 적당한 거리를 유지하는 QA 엔지니어는 더욱 객관적이고 철저하게 제품을 바라볼 수 있으며, 테스트의 깊이 또한 더할 수 있다.

QA 엔지니어가 제품에 대한 애정이 너무 크다면 제품을 객관적으로 바라볼 수 없게 된다. 흔히 눈이 흐려진다고도 하는데, 제품에서 발생하는 버그를 숨기려 하거나 덜 심각하게 여길 수 있다. 그리고 개발 과정에서 발견되는 리스크에 대해서도 공개적으로 논의하기보다 소극적인 자세로 처리하려 할 것이다. 이런 행동은 모두 고스란히 제품에 전해져 심각한 버그와 리스크를 품은 채 시장에 출시될 것이다. 버그는 고객에게도 전달되어 제품을 사용하는 고객은 좋지 않은 경험을 하게 된다. 그렇게 되면 고객은 우리 회사와 제품에 대한 신뢰를 잃고 기업의 이익 감소로 이어지며 결국 자신의 소임을 다하지 못한 QA 엔지니어가 될 것이다.

QA 엔지니어가 제품에 대한 애정이 크지 않은 경우도 생각해보자. QA 엔지니어는 제품에 대해 소극적인 자세로 대할 것이다. 제품에 관심을 가지지 않고 깊이 알아보려는 노력도 하지 않을 것이다. 그 결과 충분히 깊이 있는 테스트를 할 수 없으며, 제품에 관심이 있어야만 찾아낼 수 있는 많은 버그와 리스크도 방치된 채 고객에게 전달된다.

이처럼 QA 엔지니어는 제품에 대한 애정이 너무 커도, 작아도 안 된다. 제품에 충분한 관심을 갖고 학습할 수 있어야 하고, 철저한 테스트를 통해 발견한 버그와 리스크에 대해서는 단호하게 대처할 필요가 있다.

이런 태도를 가졌을 때 제품은 시장에 나가 경쟁사의 경쟁 제품과 비교해도 충분한 경쟁력을 가질 수 있을 것이다. 또한 훌륭한 QA 엔지니어로서의 소임도 다 하게 된다. 제품과 꾸준히 거리를 조절하는 것은 굉장히 어려운 일이 될 것이다. 적절한 거리를 조금이라도 쉽게 유지하기 위해서는 제품에 대해 얼마나 애정을 가져야 할지 고민하기보다 그저 QA 엔지니어로서 자신의 직무에 애정을 쏟아보자. 좋은 QA 엔지니어가 되는 것을 목표로 제품을 대한다면 자연스럽게 제품과 완벽한 거리를 유지할 수 있게 될 것이다.

개발자와의 거리 조절하기

　제품과 거리를 유지해야 하는 것처럼 개발자와의 관계 또한 거리 조절이 필요하다. 사적으로 친한 것은 문제가 되지 않으나 이런 친밀함이 품질에 영향을 미치지 않도록 조심해야 한다. 개발자와 QA 엔지니어가 너무 친한 탓에 업무에서 중립을 지키지 못하면 역시나 제품의 품질이 저하되는 결과를 가져온다.

　개발자와 너무 친밀한 사이가 된다면 버그에 대해 단호하게 처리하려는 QA 엔지니어의 말을 개발자가 무시하거나, 얼버무리며 넘겨버리는 일이 발생한다. 프로젝트 일정 내에 제품 개발이 완료되지 않았음에도 신속히 사실을 알리지 않고 뒤늦게 은근슬쩍 이야기를 꺼내는 등 프로젝트와 제품에 대한 관리가 어려워진다. 이런 현상은 제품의 품질에 직접적인 악영향을 미치게 될 것이다.

　반대로 개발자와 사이가 멀면 QA 엔지니어는 고립되고 만다. 개발팀 안에서 공유되는 정보나 개발 과정에서 발생하는 문제와 논의 결과에 대해 QA 엔지니어에게 제때 공유하지 않는다. 또한 QA 엔지니어가 품질을 위한 활동을 하며 구성원들의 협력을 필요로 할 때 도움을 요청하기도 어렵다.

　이와 같이 QA 엔지니어는 개발자와 너무 친해도, 너무 멀어도 안 된다. QA 엔지니어는 개발자와 친한 친구처럼 지내며 제품과 프로젝트에 대한 정보를 얻어낼 수 있어야 하고, 품질에 대해서는 단호한 태도를 유지하며 QA 엔지니어의 목적을 달성하는 데 어려움이 생겨서는 안 된다. 사적인 자리에서 얼마든지 가벼운 얘기를 나눌 수 있을 정도로 친한 동시에 업무에 있어서는 개발자들이 은근슬쩍 쉽게 넘어가려고 하지 못하게 태도를 취하는 것을 추천한다. 이 절묘한 거리 유지에 성공해야 비로소 여러분은 모두에게 인정받는 QA 엔지니어가 될 수 있다. 개발자와의 적절한 거리 조절 또한 제품과의 거리를 유지하는 것과 마찬가지로, 인간관계의 거리 조절을 고민하기보다 QA 엔지니어로서 본분을 다한다는 마음을 가지면 더 쉽게 달성할 수 있을 것이다.

훌륭한 QA 엔지니어가 되기 위한 목표 설정

여름휴가를 계획하고 있다고 생각해보자. '이번 여름에 휴가를 가자!'라는 최종 목표만을 생각한다면 휴가를 위해 무언가를 준비하는 것이 매우 어렵다. 성공적으로 여름휴가를 보내기 위해서는 먼저 최종 목표를 조금 더 구체적으로 설계할 필요가 있다. 산으로 갈 것인가? 계곡으로 갈 것인가? 바다로 갈 것인가? 아니면 그냥 집에서 쉴 것인가?

최종 목표를 '바다로 가자'라고 결정했다면 다음은 목적지를 설정해야 한다. 인천, 속초, 태안, 강릉, 군산, 포항, 여수, 부산, 통영 등 바다를 접할 수 있는 곳이 너무도 많다. 그중에 나의 목적에 맞는 바다를 선택하는 것이 좋다. 사람이 많은 도시의 바다를 가고 싶은지, 한적하고 편안하게 쉴 수 있는 바다를 가고 싶은지 등을 고려해서 선택해야 한다.

목적지를 설정했다면 그 목적지에 도달하기 위한 수단(방법)을 생각해야 한다. 버스, 자가용, 기차, 비행기 등이 그 예일 것이다. 목적지에 도달하기 위한 수단으로 자가용을 선택한 경우 '누가 운전을 할 것인가',

'어떤 휴게소에서 쉴 것인가'와 같은 구체적인 실행 방안이 정해져야 한다. 운전을 하기로 한 사람은 면허가 있는지, 충분히 안전하게 도달할 수 있는 운전 실력을 갖추고 있는지, 자가용은 보유했는지, 만약 그렇지 않다면 자동차를 빌릴 예산이 있는지 등을 생각해야 할 것이다. 이렇게 최종 목적지로 도달하기 위한 상세한 설계가 있어야 성공적으로 목적지에 도달할 수 있다.

QA 엔지니어가 궁극적으로 이루어야 할 목표는 제품의 품질 향상에 있다. 이 목표를 달성하기 위한 대표적인 방법으로는 치명적인 버그를 최대한 많이 찾아내는 것, 좀 더 이른 시점에 치명적인 버그를 발견하여 미리 제거하는 것, 테스트를 자동화하는 것, 기타 도구나 프로그래밍 언어를 활용하여 제품의 품질을 보살피는 것 등이 있다.

이러한 방법들을 구체적으로 어떻게 수행할 것인지, 어떻게 모니터링할 것인지, 그 결과는 어떻게 측정할 것인지 등에 대한 논의와 설계가 필요하다. 목표를 달성하기 위해서는 목표를 명확하게 인지하고, 이를 위해 필요한 활동을 식별해야 한다. 그리고 식별된 활동을 성실히 수행하고 그 결과를 측정해야 한다. 목표를 달성하기 위한 일련의 과정을 체계적으로, 전략적으로 설계하지 않거나 결과를 측정하지 않고 그저 최종 목표만을 바라보며 앞으로만 나아가려 한다면 장기적인 활동을 지속하지 못하고 실패로 끝나게 될 확률이 높다.

제품의 품질을 향상하겠다는 최종 목표를 설정했다면 곧장 최종 목표로 나아가는 것보다는 최종 목표를 달성하기 위한 수단으로 먼저 이뤄져야 할 몇 개의 장기적인 목표를 설정하자. 보통 몇 년의 시간이 걸리는 장기 목표를 설정할 수 있다. 그리고 장기 목표를 달성하기 위한 수단으로 당장 시작하여 6개월~1년 안에 달성할 단기 목표를 설정하자.

단기 목표는 당장 팀이나 조직이 겪고 있는 문제를 해결하는 것만으로도 충분할 것이다. 예를 들어 제품에 버그가 너무 많다는 문제, 제품 개발에 필요한 인프라가 부족하다는 문제, 개발 프로세스나 테스트 프로세스가 충분히 성숙하지 않았다는 문제 등이 될 수 있다. 문제를 식별했다면 그것을 달성하기 위한 수단을 결정해 단기 목표와 장기 목표를 달성해나가는 것으로 최종 목표에 다다를 수 있다.

QA 팀이 소규모이거나 신설되는 상황이라면 곧바로 품질 향상으로 나아가기는 어려울 것이다. 그보다는 우선 팀과 제품의 안정화를 목표로 하고 프로세스를 먼저 세우는 것이 중요하다. 제품의 품질을 향상하는 것보다는 궤도에 올리고 유지하여 더 이상 저하되지 않도록 하는 것이 일단 해결되어야 최종 목표를 향해 나아갈 수 있을 것이다.

QA 팀이 충분히 안정되었다면 팀과 프로세스의 체계화를 목표로 할 수 있을 것이다. 제품의 품질 또한 유지하기보다 향상하는 것을 목표로 활동을 해나가는 것이 적절하다. 기본적인 테스트 업무 프로세스나 TC를 고도화하고 팀원의 역량을 발전시켜 각 팀원이 더 나은 품질 업무를 할 수 있도록 해야 한다. 즉, 팀과 조직, 제품의 품질을 전반적으로 고도화해야 한다. 팀원의 성향과 상황에 맞지 않게 무리한 목표를 설정하고 진행한다면 팀이 채 안정되기도 전에 이탈이 발생하는 등 불안정한 상태가 지속될 것이다.

QA 엔지니어 커리어에서 개인의 최종 목표를 생각해보자. 우리는 각자 더 좋은 인재가 되고 싶어 한다. 더 좋은 회사에 가고 싶고 더 안정적인 수입과 생활을 원한다. 이것이 최종 목표라면 장기 목표는 어때야 할까? 개개인이 우선 좋은 인재가 되어야 할 것이다. 그래야만 각자에게 좋은 기회가 주어질 테니 말이다. 좋은 인재가 되자는 장기 목표를 위해 개인이 당장 할 수 있는 스터디, 대외활동, 스킬 업 등은 단기 목표가 될 것이다.

이렇게 목표를 설정하는 것과 달성하는 과정은 조직과 개인 모두에게 동일하다. 단기 목표를 이뤄 장기 목표를 이뤄내고, 장기 목표를 이룸으로써 최종 목표를 향해 갈 때, 지속적이고 장기적으로 또 성공적으로 목표를 달성하려는 활동을 해낼 수 있다.

필자 또한 최종 목표를 위해 나아가는 중이다. 필자의 최종 목표는 남들과 크게 다르지 않다. 더 좋은 회사에 가고, 현재와 미래에 더 안정적인 생활을 하는 것이다. 그것을 위해 '스스로 더 전문적인 QA 엔지니어가 되자, 많은 대외활동을 해서 나를 많이 알리자'는 장기 목표를 가지고 있다. 장기 목표를 달성하기 위해 몇 개의 단기 목표를 설정했다.

이와 같은 단기 목표들은 1년 안에 달성해낼 수 있도록 3~4개 정도로 설정했다. 이 중에는 성공적으로 달성한 목표와 달성하지 못한 목표들도 있으며, 달성하기로 했던 시간이 지났지만 아직도 진행 중인 목표들도 있다. 설정한 목표를 100% 달성하려고 하지 않아도 괜찮다는 것을 말해주고 싶다. 그저 자신이 설정한 목표를 달성하기 위해 노력하는 과정에서 쌓은 경험만으로도 여러분은 어느새 훌륭한 인재가 되어 있을 것이다.

연차	개인 단기 목표	달성을 위한 수단
1년 차	• 테스팅 업무 이해/적응	• 이론 학습, 실무 경험
2년 차	• 직무 전문성 향상 • 테스트 자동화	• ISTQB 자격증 취득 • Python & Selenium
3년 차	• 직무 전문성 고도화 • API 테스트 역량 확보 • 다양한 테스트 툴 사용법 습득	• 이직으로 새로운 경험 쌓기 • Python Requests module • Postman, Fiddler
4년 차	• 팀 목표 달성 • 서비스 제품에 필요한 역량 갖추기 • 자동화 테스트 체계화	• 체크리스트, 모니터링 활동 • 다양한 분야와 사례 조사 • 자동화 테스트 구축, 개선
5년 차	• 팀 프로세스 안정화 • SQL 역량 향상 • 자동화 테스트 체계화	• 모니터링 데이터 공유, 팀 내 지식 공유 활동 • SQL 학습 • Jenkins, Github, Linux 등 학습
6년 차	• 팀 프로세스 고도화 • 직무 전문성 향상 • 다른 팀원의 역량 강화를 위한 코칭 • 대외활동	• 대학원 진학 • 온라인 강의 • 블로그, 링크드인 활동
7년 차	• 조직 프로세스 고도화 • 자동화 테스트 고도화 • 대외활동	• 조직 지식 공유 • 자동화 테스트 사례 조사, 학습 • Python 고급 문법 학습 • ISTQB-AL 자격증 취득 • 저서 집필 • 오프라인 강의

▲ 개인의 단기 목표 예시

프로젝트 생산성 높이기

프로젝트를 진행하는 과정에서 비효율적으로 소모되는 구성원들의 리소스 또한 다양한 데이터와 지표를 모니터링하며 개선해야 한다. 나와 함께 제품을 만드는 구성원들이 프로젝트를 진행할 때 얼마큼의 리소스가 주어져야 가장 원활하게 프로젝트를 완수할 수 있을지, 가장 완성도 있는 제품을 만들기 위해 어떤 문제점을 개선해야 할지 등을 관찰하고 시도할 수 있다. 또는 프로젝트 진행 중 구성원들이 맞닥뜨리는 허들을 제거하거나 기존 개발 프로세스의 개선, 새로운 프로세스의 도입 등을 고민하며 제품 생산성을 높일 수 있어야 한다.

현재 진행되고 있는 프로젝트에 적절한 리소스가 할당되었는지 파악하기 위해서는 프로젝트 진행 현황의 모니터링이 필요하다. 현재 누가 어떤 개발 작업을 하고 있는지, 일정 대비 얼마큼의 개발이 완료되었는지 등을 추적해야 한다. 프로젝트의 현황을 모니터링하는 도구는 많이 제공되고 있다.

대표적으로 칸반 보드를 활용할 수 있을 것이다. 칸반 보드를 활용하여 각 작업자에게 어떤 작업이 할당되어 있는지, 그 작업의 진행 상황은 어떠한지, 작업자에게 남아 있는 작업, 완료된 작업은 몇 개인지 등을 효과적으로 모니터링할 수 있다. 아직 도구를 활용하여 모니터링하기 어려운 상황이라면 단순한 방법으로도 해결할 수 있다. 그저 물어보는 것이다. 각 작업자에게 현재 개발 현황은 어떻게 진행되고 있는지 물어볼 수 있다. 이런 방법들을 통해 작업 현황을 구체적으로 파악하여 리소스를 효율적으로 활용하도록 조치를 취할 수 있다.

작업 대기 중	작업 중	작업 완료
개발 아이템 2 작업자 : 김XX	개발 아이템 1 작업자 : 김XX	기획서 작성 작업자 : 이XX
개발 아이템 3 작업자 : 김XX	TC 작성 작업자 : 강XX	디자인 작업 1 작업자 : 박XX
디자인 작업 3 작업자 : 박XX		디자인 작업 2 작업자 : 박XX

▲ 칸반 보드의 예시

프로젝트를 완료하기로 한 날짜까지 개발이 완료되지 않거나, 개발이 완료된 제품의 완성도가 떨어진다면 프로젝트의 측정과 관리가 제대로 이뤄지지 않고 있다는 것이다. 프로젝트 규모에 대비한 일정이나 인력 등을 정확히 산정하지 못한 것이며 이는 곧 기업과 고객에게 불이익을 초래한다. 생산성이 좋지 못하다면 프로젝트 안에서 낭비되거나 혹사당하는 요소가 있다는 신호다. 이런 상태를 지속하는 것은 QA 엔지니어를 포함한 각 구성원이 자신의 제품에 대한 책임을 다하지 않는 것과 같다.

프로젝트 일정이 채 끝나기도 전에 제품이 완성되었다고 생각해보자. 이는 구성원들이 일정을 너무 넉넉하게 산정했기 때문일 수도 있다. 이렇게 남는 일정 동안 구성원들은 어떤 일을 해야 할지 몰라 프로젝트 일정이 끝날 때까지 인력이 낭비될지도 모른다. 또는 추가적인 개발 아이템을 받아 프로젝트의 규모를 키울 수도 있다. 하지만 애초에 일정 관리가 제대로 되지 않는 상황에서 당장 남는 리소스를 활용하기 위해 새롭게 받아온 개발 아이템은 초기에 계획된 프로젝트 일정에 악영향을 미치게 될 것이다. 기존에 계획된 아이템만 개발했을 때는 일정이 남고, 추가로 받은 아이템까지 개발했을 때는 일정이 모자라는 악순환이 이어진다. 결국 그렇게 개발이 완료된 결과물의 품질이 좋을 가능성은 매우 낮다.

반대로 프로젝트 일정이 끝났음에도 계획된 아이템들의 개발이 완료되지 않는 경우도 많이 볼 수 있다. 혹은 프로젝트 일정에 맞춰 개발을 완료하느라 제품의 완성도가 떨어지는 경우도 있다. 이렇게 일정이 모자라다면 프로젝트 후반으로 갈수록 개발자의 마음은 초조해진다. 그래서 제품의 기본적인 요구사항을 빠뜨리거나 잘못 이해하여 개발할 수도 있고, 심지어 요구사항을 완벽히 구현하기보다 프로젝트의 일정을 맞추는 것이 더 중요하다고 여겨 버그투성이인 제품이 만들어질 수도 있다.

따라서 적절한 프로젝트 일정을 산정하는 것은 프로젝트를 성공적으로 완수하기 위해 정말 중요하다. 필요하다면 일정 산정을 위한 명확하고 일정한 기준을 만들 수도 있다. 예를 들어 이전에 진행했던 프로젝트 중 일정 산정이 적절했던 사례를 기준으로 삼아 해당 프로젝트 대비 규모를 측정하여 새로운 프로젝트의 일정을 산정할 수 있다.

또는 일정을 산정하는 기준 자체를 만들 수도 있다. 필자가 속한 프로젝트 팀이 구성되고 초반에는 프로젝트 일정 관리에 어려움을 겪었다. 팀 내에서 꾸준히 이런 문제를 해결해야 한다는 목소리가 있었다. 따라서 구성원들과 함께 프로젝트 아이템의 난이도를 4개의 항목으로 평가할 수 있는 표를 만들고, 그 난이도에 따라 일정을 산정하여 문제를 해결한 적이 있다. 구성원들이 스스로 기준을 만들어 일정을 관리하기로 했다면 반드시 그 기준에 따라 의견을 주고받으며 일정을 관리해야 한다. 이러한 기준이 없다면 매 프로젝트를 진행할 때마다 일정이 날뛰어 효율적인 개발이 불가능하고, 모든 프로젝트가 여러분을 괴롭히게 될 것이다.

다만 이렇게 추가 작업을 할 때도 간단하게나마 필요한 일정을 예상하여 당초에 계획된 프로젝트 전체 일정에 무리를 주지 않는 선에서 완성도 있는 개발을 완료할 수 있어야 한다. 반대로 프로젝트를 진행하고 보니 일정이 모자라는 경우도 부지기수다.

기준을 세워 일정을 산정하더라도 항상 프로젝트에 딱 맞는 적절한 일정을 산정할 수는 없다. 프로젝트를 진행하고 보니 프로젝트가 구성원들의 생각보다 쉬울 수도 있다. 따라서 프로젝트의 일정이 너무 넉넉했을 때를 대비하여 개발자들이 항상 추가로 작업할 수 있는 작은 버그나 개선 요구사항 등을 준비해두는 것이 좋다. 다만 이렇게 추가 작업을 할 때도 간단하게나마 필요한 일정을 예상하여 당초에 계획된 프로젝트 전체 일정에 무리를 주지 않는 선에서 완성도 있는 개발을 완료할 수 있어야 한다. 반대로 프로젝트를 진행하고 보니 일정이 모자라는 경우도 부지기수다.

이럴 땐 남은 작업에 대비하여 프로젝트의 일정을 유연하게 조정할 수 있어야 한다. 무리하게 강행하는 프로젝트 역시 개발 결과물의 품질이 좋을 수 없기 때문이다.

프로젝트 일정이 적절하게 산정되지 않는 현상을 해결하기 위한 또 다른 방법은 프로젝트 종료 후 아이템의 난이도를 마련했던 기준에 따라 다시 한번 산정해보는 것이다. 이 과정을 통해 프로젝트 아이템의 어떤 요소를 잘못 예상했는지 알 수 있다.

또 다른 안타까운 상황으로는 프로젝트의 일정을 조정할 수 없는 경우다. 생각보다 많은 경우에 제품 출시일이 정해져 있고 제품의 품질 상태에 따라 일정을 조정하려 해도 이해관계자들에게 이런 의견이 받아들여지지 않는 경우가 있다. 이런 경우에도 프로젝트 현황과 그에 따른 제품의 품질 상태에 대한 모니터링이 필요하다. 모니터링한 결과를 데이터로 갖춰 프로젝트의 일정을 유연하게 조정해야 한다는 근거를 꾸준히 제시하여 이해관계자들을 설득해야만 한다.

프로젝트를 일정 내에 완료하지 못하는 문제의 원인은 인력에도 있다. 개발 아이템 대비 인력이 적절하게 배치되지 않은 경우다. 프로젝트 대비 우리 구성원의 인력이 너무 많다면 프로젝트의 규모를 키우거나 일정을 조정해야 할 것이다. 만약 프로젝트 진행이 너무 넉넉하다면 낭비되는 인력이 반드시 발생한다. 그리고 동시에 혹사당하는 인력도 발생한다. 때로는 이렇게 낭비되는 상태나 요소들이 어떤 구성원들에게는 편안하게 느껴질 수도 있다.

이런 문제는 제품의 완성도에도 영향을 미치지만 구성원들 간에 불평등을 느끼고 마찰이 생겨 결국에는 인력이 많음에도 서로 협조하지 않는 결과를 초래한다. 인력 문제 또한 제품의 품질이 떨어질 수 있는 리스크다. 따라서 개발 아이템과 영역에 대비한 적절한 인력 산정과 배치가 필요하다.

인력 문제에 QA 엔지니어가 직접적으로 개입하기는 어렵다. 개발 지식이 그들보다 적기 때문에 작업의 양을 예측하기가 어렵기도 하고 인력에 대한 권한을 QA 엔지니어가 가지고 있는 경우는 거의 없기 때문이다. 하지만 인력의 배치가 적절하게 이뤄지지 않고 있음을 느꼈다면 권한이 있는 동료에게 귀띔을 해주거나 재배치에 대한 의견을 전달해 조치가 이뤄지도록 시도할 수 있을 것이다.

일정도, 인력도 잘 갖춰졌지만 개발된 제품에 버그가 너무 많이 발생할 수도 있다. 버그가 너무 많다면 처리하는 데 추가적인 리소스가 필요하다. 뒤늦게 발견된 버그는 프로젝트 후반에 개발되는 아이템의 품질을 저해하는 요소로 작용할 수 있다. 이를 해결하기 위해서는 버그를 소프트웨어 개발 라이프 사이클의 초반부터 찾아내는 활동을 해야 한다.

제품의 개발이 완료되는 시점은 요구사항을 구현해낸 뒤 테스트를 통해 발견된 버그와 추가 개선사항을 모두 수정한 상태여야 한다.

일부 구성원들은 요구사항대로 제품을 구현하는 것을 개발이 완료되었다는 뜻으로 받아들이기도 하는데, 엄밀히 말해 요구사항의 구현만 완료된 상태에서는 고객에게 제품을 전달할 수 없다. 요구사항이 구현된 상태에서 버그가 많이 발생할 수도 있고, 비기능 특성을 만족하지 못할 수도 있다. 그러므로 프로젝트 일정 산정 시 테스트와 버그 수정 일정까지 포함해야 한다고 알릴 필요가 있다.

더 나은 선택을 위한 비용 판단하기

만약 제품 출시 예정일까지 2일만 남았는데 아직 처리되지 않은 버그가 100개나 있다고 생각해보자. 좋은 품질의 제품을 고객에게 제공하기 위해 어떤 배포 전략을 취해야 할까? 가장 쉽게 생각할 수 있는 방법은 100개의 버그를 모두 처리할 때까지 배포를 미루는 것이다. 그렇게 한다면 발견된 버그를 모두 제거하여 좋은 품질의 제품을 고객에게 제공할 수 있을 것이다. 그러나 배포일을 미뤘더니 그 사이에 또 100개의 버그가 추가로 발견된다면 기껏 미뤄둔 배포일은 무용지물이 될 것이다. 따라서 이와 같은 상황에서 무작정 배포일을 미루는 것은 좋은 방법이 아니다. 더 좋은 방법을 위해서는 이런 상황에서 고려해야 할 것들이 있다.

먼저 이미 발견된 버그의 위험도를 판단해야 한다. 100개의 버그를 우선순위와 심각도에 따라 나열할 수 있을 것이다. 우선순위나 심각도에 대한 기준은 각자 다르겠지만 일반적으로 우선순위는 이 버그가 얼마나 빨리 수정되어야 하는지에 대한 기준이며, 심각도는 이 버그가 장애로 이어졌을 때 얼마나 심각한 결과를 초래하는지에 대한 기준이다.

이런 기준에 따라 버그의 위험도를 판단하여 배포 전에 반드시 수정해야 하는 버그, 배포 후에 수정해도 되는 버그, 정해진 기한 없이 천천히 수정해도 되는 버그 등으로 분류한다. 배포 전에 반드시 수정되어야 하는 버그만 놓고 보았을 때 출시일 내에 수정이 완료되어 충분한 품질이 보장된다면 출시일을 미루지 않아도 될 것이다. 그러나 출시일 내에 수정이 불가능하다면 출시일을 미뤄야 한다.

자주 발생하고 시스템 이용에 치명적인 영향을 주는 버그는 위험도가 높고, 반대로 거의 발생하지 않고 시스템에 영향도 거의 주지 않는 버그는 위험도가 낮다. 위험도가 높거나 낮은 버그들은 판단하는 데 그리 어렵지 않지만, 중간 단계의 위험도를 가진 버그들은 개인에 따라 판단이 갈리기도 한다.

만약 거의 발생하지 않지만 시스템 이용에 치명적인 영향을 주는 버그는 위험도를 어떻게 판단해야 할까? 일반적으로 이런 경우 QA 팀에서 마련해둔 기준이 있을 것이므로 기준에 따라 판단해야 한다. 아직 그런 기준이 없다면 좋은 QA 엔지니어가 될 수 있는 하나의 기회다. 여러분이 적극적으로 기준을 마련하는 활동을 해보자.

발생 빈도 / 심각도	매번 발생	자주 발생	종종 발생	거의 발생하지 않음
매우 높음	1	1	1	2
높음	1	1	2	3
보통	1	2	3	4
낮음	3	3	4	5
매우 낮음	4	5	5	5

▲ 버그의 우선순위 판단 기준 예시

이미 발견된 버그가 100개나 있고 출시일을 미룬 상태에서 테스트는 얼마나 더 해야 하는 것일까? 미룬 출시일까지 강도 높은 테스트를 계속해서 100개의 버그를 더 발견해내는 것이 완벽한 품질에 가까워지는 길은 아니다. 적당한 시점에서 테스트를 종료하는 것도 매우 중요하다. 만약 추가로 찾은 100개의 버그 중 대다수가 높은 위험도를 가지고 있다면 그 제품은 아직 테스트할 만큼 충분히 개발되지 않은 것이다. 따라서 테스트를 계속하는 것은 불필요한 비용을 소비하는 행위다. 이런 경우 테스트를 중단하고 개발 단계로 되돌아가 좀 더 완성도 있는 제품이 된 후에야 의미 있는 테스트가 가능하다.

반대로 추가로 찾은 100개의 버그 중 대다수가 낮은 위험도를 가지고 있다면 테스트를 계속 진행할 것인지 판단이 필요하다. 낮은 위험도의 버그를 찾기 위해 계속해서 테스트와 버그 수정에 비용을 소비하는 것은 그리 효과적인 활동은 아니기 때문이다. 치명적인 버그를 더 이상 찾아낼 수 없다면 제품을 그대로 출시하는 것이 오히려 나을 수도 있다는 것이다. 무작정 오랫동안 버그를 찾아내고 수정하는 것이 품질을 높이는 일은 아니라는 것을 명심해야 한다. 이와 관련하여 더 자세한 내용을 알고 싶다면 '품질비용 모델'[3]에 대해서 조사해보도록 하자.

버그에 대한 폭넓은 시야

버그는 일반적으로 소프트웨어가 의도대로 작동하지 않는 것을 의미한다. 하지만 우리가 제거해야 할 리스크 중 하나인 버그의 개념을 단순히 소프트웨어의 오작동으로만 한정한다면 더 좋은 품질의 제품을 만들어가는 활동에 제약이 생긴다. 따라서 QA 엔지니어는 버그라는 것을 좀

---

3 완벽한 품질을 위해 무한히 테스트하는 것보다 어느 정도 품질을 포기하더라도 적시에 제품을 출시하는 것이 더 경제적임을 나타내는 모델이다. 참고: Model of quality costs and economic benefits of a business process of manufacturing companies(https://www.tandfonline.com/doi/full/10.1080/23311916.2019.1678228)

더 넓은 시야로 보고 생각할 필요가 있다.

버그가 발생하는 원인에 대해 되짚어보자. 사람은 누구나 실수를 한다. 이는 개발자도 마찬가지이며 기업의 임원, 마케터, 기획자, 디자이너, 테스터, QA 엔지니어 등 제품을 만드는 데 관여하는 모두가 판단을 잘못하거나 오타를 내는 등 실수를 할 수 있다. 사람의 실수가 제품에 전달됐을 때 버그(결함)가 되고, 이를 누군가 실행한다면 장애로 이어지게 된다. 다양한 구성원이 행한 실수는 단순히 제품이 요구사항대로 작동하지 않는 정도로 끝나지 않는다.

어떤 서비스에 로그인하는 기능을 버그 없이 완벽하게 구현했다고 생각해보자. 그런데 만약 로그인을 위한 단계가 12단계나 되어 너무 길고 복잡하다면 어떨까? 비록 버그는 없을지언정 고객은 우리의 제품에 로그인조차 하기 싫을 것이다. 이 또한 고객이 우리 제품을 사용하는 데 있어 엄청난 허들을 만드는 버그가 될 수 있다. 이런 종류의 버그는 기능 오작동이 아닌 기획 단계에서 발생한 판단 착오가 원인일 것이다.

만약 기획 단계에서 필요에 의해 로그인을 12단계로 만들었다고 할지라도, 모든 단계가 반드시 독립적으로 수행되어야만 하는지, 통폐합할 수 있는 단계는 없는지 검토해야 한다. 검토를 했음에도 12단계의 로그인 과정이 필요하다면 다른 방식으로라도 고객이 우리 제품을 손쉽게 사용할 수 있도록 해야 한다. 만약 로그인을 해야만 우리 제품의 모든 기능을 사용할 수 있다면, 고객은 길고 지겨운 로그인 단계에 막혀 우리 제품을 사용하려 하지 않을 것이다. 버그가 없더라도 이러한 제품의 품질이 좋다고 할 수는 없다. 품질을 생각해야 하는 QA 엔지니어는 이런 실수도 사전에 찾아내 차단하거나 대비해야 한다.

고객의 니즈를 잘못 파악하는 것도 판단 착오에 의한 실수이며, 그렇게 도출된 기획으로부터 만들어진 제품 또한 버그를 안고 있다고 할 수 있다. 따라서 QA 엔지니어는 다양한 품질 저해 요소를 발견하고 차단해야 하며, 이를 위해 버그에 대해 폭넓은 시야를 가져야 한다.

테스터나 QA 엔지니어가 작성한 체크리스트나 TC에도 실수가 생길수 있다. 기획이나 기대 결과를 오해하여 잘못 작성된 테스트 문서로 인해 테스트 결과도 잘못되는 것이다. 또는 테스터, QA 엔지니어 개인의 의견으로 사용성을 잘못 판단할 수도 있다. 따라서 테스터와 QA 엔지니어의 산출물도 반드시 리뷰와 피드백이 필요하다.

버그를 찾는 것보다 중요한 태도

품질을 위해 버그를 발견하고 예방해야 하는 테스터와 QA 엔지니어에게 버그보다 더 중요한 것이 있다. 테스터와 QA 엔지니어는 제품의 품질을 사수하고 더욱 높인다는 목적에만 맹목적으로 매몰되지 않도록 조심해야 한다. 품질을 위해서 한 치의 양보도 하지 않는 태도는 오히려 품질을 악화시키는 결과를 가져오게 될 것이다. 명심해야 할 것은 제품은 개발자만 만드는 것이 아니며, 품질은 QA 엔지니어만 책임지는 것이 아니라는 사실이다. 서로 다른 입장을 가진 다양한 구성원들과 함께 제품을 만들고 있음을 기억하자.

제품의 테스트가 완료되고 제품 출시 일정에 차질이 생길 정도로 많은 수의 버그가 발견되었다고 가정해보자. 이런 상황에서 구성원들이 논의한 결과, 사소한 버그의 경우 감안하고 제품을 출시하자는 의견을 제시할 수 있다. 하지만 이때 QA 엔지니어가 품질에 대해선 절대 양보할 수 없다는 태도로 모든 버그를 다 고칠 것을 요구할 수도 있다. 얼핏 그것이 제품의 품질을 완벽하게 만드는 행동이라고 생각할 수 있기 때문이다.

그러나 구성원들이 제시한 일부 버그를 감안하고 제품을 출시하자는 판단 또한 충분히 고객의 입장까지 심사숙고해서 결정한 사항일 수 있다. 나와 함께 제품을 만들어가는 구성원들 또한 자신의 업무에서 전문가라는 것을 잊지 말자. 그들 역시 각자의 입장에서 충분히 고객의 만족을 생각하고 제품을 만든다. 이런 사실을 망각한 채 품질에 대해서는 QA 엔지니어의 말이 모두 정답이라는 자세로 의견을 굽히지 않는 것은 구성원들의 전문성을 무시하고 고집을 부리는 행위밖에 되지 않는다.

함께 일하는 동료들이 테스트나 품질 업무에 대해 의견을 제시하면 마치 자신의 업무 영역을 침범한다는 듯이 생각해 기분 나빠하는 경우도 있다. 하지만 QA 엔지니어는 동료들이 품질에 관심을 갖는 상황을 환영해야 한다. 품질과 관련하여 열린 마음으로 접근하는 동료는 앞으로 QA 엔지니어가 할 품질 활동에 대해서도 많은 관심을 가질 가능성이 높으며 협조 또한 원활히 이루어질 것이다.

게다가 QA 엔지니어가 기획자, 디자이너, 개발자의 지식을 그들만큼 갖추기는 어렵다. 그들의 전문적인 시각을 고려하여 제시하는 피드백은 QA 엔지니어로서 더 넓은 시야를 갖출 수 있는 아주 좋은 기회가 된다. 이것을 이용해 자신의 식견을 넓힐수록 더욱 완벽한 제품을 고려할 수 있다. 다른 구성원들의 의견을 기분 나빠한다면 좋은 QA 엔지니어로 성장하는 데 방해만 될 뿐이다.

품질에서 독단적인 태도를 보이는 것은 QA 엔지니어가 품질에 대한 모든 책임을 지겠다는 행동이며, 이러한 행동으로 제품을 함께 만들어가는 구성원들은 품질에 대한 생각을 중단하게 된다. 다른 구성원들과 충분히 의논하고 협력하지 않은 채 만들어진 제품은 약점들로 불완전해질 것이다.

QA 엔지니어가 모든 것을 알 수 없고 품질에 있어서도 완벽할 수 없기 때문에 언제나 다양한 사람들의 피드백을 받아 제품에 있는 약점을 채워나가야 한다. QA 엔지니어에게도 다른 구성원들의 전문적인 지식과 협조가 반드시 필요하다는 것을 잊지 말자. 구성원들이 원만한 관계를 유지하고 서로의 전문적인 지식을 더해 더욱 다양한 시각에서 제품을 바라볼 때 품질에서도 시너지가 발생할 것이다.

품질을 강화하는 활동은 제품에서만 이뤄지는 것이 아니라 사람 관계에서도 이뤄질 수 있다는 것을 명심하자. 동료들의 관계가 충분히 원만하지 않다면 그 상태에서 개발될 제품의 품질을 생각해서라도 QA 엔지니어가 완충지대가 되어줄 수 있어야 한다.

제품을 만드는 마음가짐

필자는 테스트 자동화 강의에서 제품을 만드는 마음가짐에 대해 이렇게 말하곤 한다.

"우리는 제품을 공장에서 찍어내는 사람이 아니라 장인에 가깝다."

이와 같이 생각하는 이유는 소프트웨어를 만드는 모두가 자신의 기술을 발휘하여 하나의 제품을 한 땀 한 땀 공들여 만들어가기 때문이다. 이미 만들어진 제품도 테스트와 버그 수정을 거쳐 더욱 완벽함을 추구한다. 또 구성원들은 자신이 만든 제품과 기술력에 대해 과시하기도 한다. 그러므로 제품을 만드는 구성원 모두가 가져야 할 마음가짐은 '장인 정신'이라고 생각한다.

규격에 맞춘 똑같은 제품을 대량생산하는 것과 하나의 제품에 정성을 쏟는 것은 그 과정에서 많은 차이가 있을 것이다. 제품을 대량생산할 때는 제품에 대한 기획과 규격이 완성되면 생산성에 몰입하게 된다. 직원들은 3~4교대로 근무하며 짧은 시간 안에 최대한 많은 양의 제품을 생산하려 한다.

그러나 하나의 제품에 정성을 쏟을 때는 짧은 시간 안에 최대한 많은 양의 제품을 만들려고 하지 않는다. 작업자가 작업에 임할 때 컨디션을 챙겨가며 하나의 제품을 시간을 들여서라도 완벽하게 만들려고 한다. 따라서 소프트웨어 제품을 만들 때 무조건 높은 생산량과 효율만을 따지는 것은 옳지 않다. 때로 고객에게 좋지 못한 제품이 전달될 것이라는 생각이 든다면 과감히 생산성을 포기하더라도 완성도에 리소스를 투자할 수 있어야 한다.

규격(요구사항)대로 제품이 만들어졌다고 해서 생산이 완료되는 것도 아니다. 장인은 다 만들어진 것처럼 보이는 제품도 계속해서 다듬고 단계를 되돌아가 다시 만들어가며 완벽을 기한다. 완성된 제품이 사용자에게 어떻게 비칠지, 사용하기 좋은지, 외관은 미려한지 등 제품을 더 완벽하게 만들기 위한 끊임없는 노력이 필요하다. 고객에게 제품이 전달된 후에도 자신의 가치를 유지하기 위해 지속적인 사후 대응도 이어져야 한다.

하지만 장인에 가까울 뿐이지 완벽하게 장인과 같다고는 할 수 없다. 어쨌든 일반적으로 제품은 이익을 발생시키기 위해 만들어지기 때문이다. 완성도에 전념하여 만족할 만큼의 품질을 위해 무기한으로 일정을 연기하거나 기업의 이익까지 포기하면서 제품을 만들 수는 없기 때문이다. 생산성과 완성도 사이에서 적당한 교차점을 찾는 것이 중요하다. 품질의 최전선에 선 QA 엔지니어로서 기업의 니즈를 간과할 수도 있다. 하지만 QA 엔지니어는 고객과 동료의 요구사항뿐만 아니라 기업의 요구사항까지 충족시켜야 할 의무가 있다는 것을 잊지 말자.

제품을 둘러싼 모두를 만족시키기

QA 엔지니어가 기업의 이익에만 몰두하는 경우를 생각해보자. 기업이 원하는 상태의 제품을 적기에 출시하기 위해서라면 부족한 일정에 과도한 양의 작업을 요구하는 무리한 일정을 강행하게 될 것이다. 제품을 만드는 구성원들에게 과도한 업무가 가해진다면 개발 과정이 원활할 수 없다. 구성원들은 QA 엔지니어에 대한 신뢰를 잃고 관계마저 소원해진다. 이런 상황에서 품질까지 챙기려는 태도를 양보하지 않는다면 더 이상 동료들은 QA 엔지니어에 대한 기대를 접고 소통이 불가능한 상황에 빠질 것이다.

QA 엔지니어는 제품의 품질을 위해 쓴소리를 해야 할 필요가 있다. 하지만 QA 엔지니어를 신뢰하지 않는 동료들은 QA 엔지니어가 하는 말에 더 이상 귀 기울이지 않을 것이다. 이렇게 기한을 맞추기 위해 급하게 만들어진 제품의 품질이 절대 좋을 수 없다. 또한 고객의 만족을 뒤로하고 만들어진 제품은 시장에 출시되었을 때 고객에게 외면받을 수밖에 없다.

QA 엔지니어가 구성원들의 편의에 몰두하는 경우를 생각해보자. 기업에서 전략적으로 선정한 출시 일정을 무시하고 구성원들이 편안한 상태로 제품을 개발할 수 있는 업무 강도로 개발하게 될 것이다. 만약 출시일이 고정되어 있는 일정이라면 구성원들의 편의를 위해 사소하다고 생각하는 버그 몇 개쯤은 눈 감고 넘어갈 수 있을 것이다. 또한 프로세스나 규칙을 잘 지키지 않더라도 바로잡지 않을 수도 있다. 이런 상황에서 여러분은 분명 구성원들이 편안하게 개발할 수 있도록 도와주는 좋은 동료가 될 것이다.

그러나 출시일도 늦고 버그투성이인 제품을 시장에 출시하게 되었을 경우 절대로 좋은 평가를 받을 수 없다. 자신이 만든 제품이 기업으로부터, 고객으로부터 좋은 평가를 받지 못한다면 QA 엔지니어는 더 이상 구성원들을 편하게 해주는 좋은 동료가 아니다. 일정과 작업량, 품질까지 어느 것 하나 제대로 챙기지 못한 능력 없는 QA 엔지니어로 인식될 것이다.

QA 엔지니어가 고객 만족만을 생각한다면 어떻게 될까? 고객 입장만 생각하여 더욱 철저하게 테스트할 것이다. 개발에 대해 더 전문적인 구성원들의 이야기를 무시한 채 비효율적인 방법을 고집할 수도 있다. 개발 과정에 참여하는 구성원들의 리소스를 고려하지 않고 눈에 보이는 모든 버그를 고쳐야 한다고 한 치의 양보 없이 주장할 수도 있다. 이렇게 될 경우 기업에서 전략적으로 설정한 제품의 출시일이 늦어지는 것은 물론이고 구성원들 또한 QA 엔지니어의 요청을 더 이상 들어주지 않게 될 것이다.

그렇게 출시한 제품은 고객을 100% 만족시킬 수 없다. QA 엔지니어의 개인적인 고집이 잔뜩 반영된 제품이 모든 고객의 취향을 반영할 수는 없기 때문이다. 이러한 예시들은 결국 QA 엔지니어가 기업, 동료, 고객들로부터 고립되는 결과를 가져오는 행동이다.

QA 엔지니어는 기업의 이익을 위해 일하는 직원이지만 동시에 고객의 입장을 대변하기도 한다. 기업 내에 존재하는 또 다른 고객이라고 말하는 이유다. '기업 내에 존재하는 고객'이 되기 위해서는 기업, 동료, 고객 사이에서 모두의 만족을 추구해야 한다. 세 집단의 이해관계 사이에서 모든 대상에게 최고의 만족을 제공하기 위한 중간 지점을 찾는 것이 QA 엔지니어가 취해야 할 태도다.

    하지만 기업, 동료, 고객의 이해관계는 상충되는 부분이 많다. 따라서 어느 한 집단을 만족시킬 경우 남은 두 집단의 만족은 현저하게 떨어지고 만다. 따라서 각 집단이 어떤 만족을 추구하고 있는지 살펴볼 필요가 있다.

    기업의 최대 관심사는 인력, 시간, 비용 등 리소스를 최소한으로 사용해 최대의 이익을 내는 것이다. 이를 위해 필요한 인력만 배치하여 목표로 하는 시점까지 제품을 완성하길 바란다. 때론 이런 요구사항이 함께 제품을 만드는 구성원들에게 무리가 될 수도 있다.

    구성원들은 도전적인 업무를 하며 자신의 성장을 꾀하고 만들어낸 제품이 시장에서 좋은 평가를 받기를 원한다. 따라서 결정권자로부터 전달받은 것보다 좀 더 여유로운 리소스를 할당받아 완성도 있는 제품을 만들기를 원한다.

    고객의 경우 제품으로부터 자신이 목적하는 바를 간편하고 빠르게 그리고 완벽하게 달성하길 원한다. QA 엔지니어는 그 사이에서 기업,

동료, 고객의 만족을 모두 적절하게 채워주어야 한다. 제품을 개발할 때 적당한 리소스를 사용하되, 도전적인 시도와 완성도를 위해 충분한 리소스가 확보되어야 하며, 그렇게 만들어진 제품이 고객의 니즈에 따라 쉽고 간편하며 정확하게 작동해야 한다. 이해관계가 서로 다른 세 집단을 모두 만족시키는 것은 매우 어려운 일이지만, 이것이 QA 엔지니어가 존재하는 궁극적인 목적이 되어야 한다.

기업과 동료가 원하는 바를 살펴보는 것은 비교적 쉽다. 하지만 고객이 우리의 제품을 사용함으로써 얼마나 만족하고 있는지를 명확하게 아는 것은 쉽지 않다. 데이터를 통해 짐작할 뿐이다. 하지만 실제로 우리의 제품을 사용할 고객을 모집하여 수행하는 사용성 테스트를 수행한다면 고객이 원하는 바를 직접적으로 전해 들을 수 있다.

사용성 테스트는 우리의 제품을 사용하는 고객 집단을 일정한 기준으로 식별한 뒤 각 그룹을 대표하는 성격을 띤 고객을 테스터로 선정한다. 테스터를 모집하여 제품을 사용하도록 하고 그들의 의견과 평가를 수집하여 제품을 고객이 어떻게 사용하고 생각하는지 알 수 있다.

평소 동료와 함께 제품을 만들면서 고객의 입장을 충분히 고려했다고 생각하겠지만, 실제로 사용성 테스트를 수행해본다면 아마 깜짝 놀랄 것이다. 우리가 제품에 투영한 의도와 수많은 기능은 실제로 고객에게 잘 전달되지 않기 때문이다. 이미 기획의 의도와 개발 과정을 숙지한 채로 함께 제품을 만들어온 구성원들은 절대로 객관적인 눈으로 제품을 볼 수 없다. 따라서 사용자가 원하는 바를 명확하게 알기 위해서는 철저하게 제삼자의 눈으로 제품을 평가하는 사용성 테스트만 한 방법이 없다고 말하고 싶다.

모두가 테스트를 잘하는 조직

QA 엔지니어가 궁극적으로 바라는 유토피아와 같은 조직은 모든 구성원이 품질에 대한 높은 기준을 가지고 적극적으로 활동에 참여하는 조직일 것이다. 품질에 대한 의견과 시각은 많으면 많을수록, 다양하면 다양할수록 좋다. 그 안에서 최고의 결정을 할 수 있기 때문이다. 구성원들이 이런 활동을 적극적으로 하도록 하기 위해서는 모두가 품질에 대한 책임을 가지고 있으며, 누구나 품질을 위한 활동을 할 수 있다는 사실을 널리 퍼뜨려야 한다. 반드시 테스트를 설계하고 기능, 비기능 테스트만이 품질을 개선하는 일이 아니라는 것을 알려주자.

여기에 더해 모두가 자신이 만든 결과물을 언제라도 테스트할 수 있다는 것도 알려야 한다. 사실 이것은 너무 이상적인 이야기다. 모든 구성원이 테스터나 QA 엔지니어만큼 테스트에 대해 깊게 고려할 수는 없을 것이다. 테스터나 QA 엔지니어 사이에서도 역량의 차이가 존재하는데, 모든 조직원이 테스트를 잘할 수는 없다. 필자 또한 다른 구성원들에게 테스트의 노하우에 대한 질문을 많이 받고 설명해주기도 했지만 근본적으로 직무의 특성에 따른 관점의 차이는 극복하기 매우 어려운 요소다. 그러나 충분히 성숙한 QA 엔지니어 문화를 보유한 조직이라면 지금보다 더 높은 품질을 달성하기 위해 더 많은 구성원이 품질에 대해 생각할 수 있는 조직으로 발돋움하는 노력을 해야 한다.

품질에 대한 생각이나 테스트 활동을 하는 것은 그리 어려운 일이 아니다. 우리의 제품을 만들고, 홍보하고, 사용하는 사람들이라면 누구나 품질에 대해 생각해보았을 것이고, 제품을 사용해본 사람들이라면 간단한 기능 테스트도 가능할 것이다. 따라서 가장 손쉽게 시작할 수 있는 활동은 품질에 대한 의지를 가진 구성원들에게 품질과 테스트에 대해 가벼운 내용부터 알려주는 것이다. 주위의 몇 사람에게 이런 지식을 전파하면 각자의 팀 내에서 계속해서 전파가 이뤄지는 것을 기대할 수도 있다.

성공적으로 지식 전파가 이루어진다면 전보다 훨씬 품질을 생각하는 또 하나의 팀이 탄생한다. 주위에서 이런 선순환이 일어나기 시작하면 더 많은 사람이 품질에 관심을 갖게 될 것이고, QA 엔지니어는 더 많은 사람에게 테스트와 품질에 대해 알려줄 기회가 올 것이다. 많은 구성원을 대상으로 세미나 또는 세션을 진행할 수 있고, 나아가서는 기능 테스트에 조금씩 동참시킬 수도 있을 것이다.

다만 구성원들은 각자 본 업무가 있고 기능 테스트는 시간이 오래 걸리는 활동이다. 따라서 그들이 만들어낸 결과물에서 요구사항이 잘 지켜졌는지 스스로 품질을 확인하는 정도의 기능 테스트에 동참시키는 것이 적당하다. 또한 기능 테스트를 직접 수행하는 것은 구성원들에게 다소 지루하고 부담될 수 있으므로, 테스트에 대한 인식을 좋게 하도록 이벤트 또는 사용성 테스트 등을 통해 흥미로운 실험에 참여했다는 기분이 들게끔 하는 게 좋다.

필자가 자주 사용하는 방법은 업무에 부담을 가지지 않을 정도로 가벼운 체크리스트를 구성원들이 직접 수행하도록 하는 것이다. 그리고 체크리스트를 수행함으로써 개선된 버그의 개수나 전보다 단축된 개발 공수 등을 데이터로 보여준다. 이런 과정이 몇 번 반복되고 나면 자신들이 하는 활동이 개발 과정과 제품에 어떤 긍정적인 영향을 미치는지 스스로 알게 된다. 결국 구성원들은 자연스럽게 더 다양한 품질 강화 활동에 쉽

테스트 너머의 QA 엔지니어링

게 협조하게 된다.

여러분과 함께 일하는 구성원들은 QA 엔지니어가 작성해준 체크리스트를 수행하거나 일정 시간 테스트 세션에 동참하는 것에서 나아가, 스스로 기획과 디자인에서 리스크를 발견하고 주요 기능에 대한 체크리스트를 직접 작성하는 것을 목표로 해야 한다. 이를 위해서 전사적인 범위의 지식 공유 세션을 진행할 수도 있다.

테스트의 진짜 목적과 테스트 케이스를 잘 생각해내는 노하우 등을 전달한다면 구성원들이 스스로 간단한 체크리스트를 작성하는 것을 기대해볼 수 있다. 물론 구성원들이 초기 품질을 더욱 향상할 수 있도록 QA 엔지니어 또한 구성원들이 작성한 체크리스트를 리뷰하고 코칭할 필요가 있다. 그들 스스로 생각하게 하고 리뷰를 통해 결과물의 초기 품질을 높여 간다면 QA 엔지니어가 기능 테스트에서 전보다 한 발짝 물러서 있어도 높은 품질을 유지할 수 있을 것이다.

▲ 사내 발표 자료

구성원들이 직접 기능 테스트를 하게 될 경우 QA 팀의 필요성에 대해 의문을 가지는 독자나 구성원들이 있을 수도 있다. 이런 의문 또한 QA 팀의 역할을 정확히 인식하지 못하기 때문에 생기는 의문이며, QA 엔지니어는 당연히 이런 의문에 성실히 그리고 납득할 수 있는 설명을 해야 한다. 구성원들이 기능 테스트를 스스로 할 수 있다고 해서 QA 엔지니어가 테스트를 하지 않는 것이 아니다.

일단 아무리 구성원들이 기능 테스트를 한다고 해도 그들의 본 업무는 따로 존재한다. 구성원들의 본 업무에 지장이 생길 정도로 테스트에 시간을 할애해서는 안 된다. 구성원들은 자신이 직접 만든 산출물이나 개발 결과물의 주요 기능이나 우선순위가 높은 예외사항 정도만 최소한으로 검증하여, 요구사항에 부합하는 품질을 확보했는지 확인한다.

그렇게 된다면 QA 엔지니어는 본격적으로 더 높은 완성도와 품질을 위한 테스팅 활동을 시작할 수 있다. 기본적인 기능에 대한 테스트는 구성원들이 할 수 있더라도 QA 엔지니어만의 관점과 전문성이 필요한 활동들이 존재한다. 더 높은 레벨의 테스트, 비기능 테스트, 프로세스 점검 및 개선, 자동화 테스트 구축 등 품질 강화와 관련한 더 전문적인 역량이 필요한 활동까지 수행해야 제품의 품질은 완벽에 가까워진다.

QA 엔지니어는 품질에 관하여 더 수준 높은 고민을 통해 그에 필요한 활동을 하고, 구성원들의 테스트 또한 모니터링하고 관리해야 한다. 그리고 필요한 경우 언제든 구성원들의 본 업무가 지연되지 않도록 항상 곁에서 직접 나설 수 있어야 한다. 구성원들이 더 높은 기준의 품질을 생각하고, 테스트를 잘할 수 있게 된다고 해서 QA 팀이 필요 없어지는 것이 아니다. 더 높은 품질을 달성하기 위해 QA 엔지니어의 역할과 업무 수준이 달라지는 것이다.

출시 이후 제품의 품질 관리하기

제품의 품질을 잘 챙겨 출시했다고 하더라도 고객이 사용하는 중에 제품의 품질이 저하될 수 있다. 제품이 출시되고 나면 사내에서 테스트했던 환경보다 훨씬 다양한 요소들과 상호작용하며 미처 예상하지 못했던 버그나 정책상의 한계가 보일 것이다. 따라서 QA 엔지니어가 고려해야 하는 품질은 제품 출시 이후의 시점까지 포함되어야 한다. 만약 이것을 고려하지 못한다면 개발 단계에서는 괜찮은 제품을 만들었더라도 실사용 시에는 끝내 고객에게 만족감을 주지 못하는 제품이 될 수도 있다.

폴더블 단말기가 처음 출시될 무렵 필자가 담당하던 제품이 배포를 앞두고 있었다. 이때 미처 폴더블 단말기의 해상도에서 제품의 UI가 어떻게 보일지 예상하지 못했고, 폴더블 단말기가 출시되고 나서야 제품의 UI가 제대로 보이지 않는 버그를 발견하게 되었다. 외부 화면과 내부 화면에서의 UI나 작동도 고려하지 못해 이로 인한 버그들도 많이 발견되어 개발 과정 후반에 많은 버그들이 등록되었던 기억이 있다.

이와 비슷하게 새로운 버전의 OS가 출시되는 것도 관심을 가지고 지켜보아야 한다. 보통 새로운 버전의 OS가 출시되면 새로운 기능이 추가되기도 하고 기존의 기능이 제거되거나 다른 기능에 통합되기도 한다. 또는 기능의 사용법이 이전 버전과 달라지기도 한다. 안드로이드 OS의 새로운 버전이 출시되었을 때 필자가 담당했던 한 제품의 앱 아이콘이

안드로이드 OS 기본 앱 아이콘으로 변경되는 일도 있었다.

새로운 버전의 OS가 출시된다면 그에 맞춰 OS의 정책이 바뀌기도 한다. 앱 사용 시 사용자의 권한을 받는 조건은 새로운 버전의 OS가 출시될 때마다 조금씩 변경된다. 이런 변경점을 사전에 파악하지 못하는 경우 제품이 출시되고 나서 고객이 우리 제품의 기능들을 온전히 사용하지 못할 수도 있다.

앱 마켓의 경우 앱 배포 정책이 바뀌기도 한다. 물론 이런 내용에 대해서 미리 알려주기는 하지만, 이것을 미처 알아채지 못했다면 유저가 잘 사용하고 있던 앱이 하루아침에 앱 마켓에서 사라져버리거나 정상적인 사용이 불가능할 수도 있다.

또는 악의적인 유저 때문에 제품의 품질이 저하되기도 한다. 커뮤니티 서비스를 담당하고 있을 때 한 유저에게 다량의 신고가 접수된 적이 있었다. 상황을 파악해보니 해당 유저가 불건전한 광고 게시물을 다량으로 작성하고 있었다. 이런 게시물이 다른 유저들에게도 고스란히 노출되는 것은 우리 제품의 사용 경험을 불쾌하게 하여, 이미 출시된 제품의 품질을 저하하는 요소가 된다. 이런 문제가 발생할 가능성을 대비하여 정책적이고 기술적인 대비책을 사전에 고려해야 한다.

이런 사례들은 개발 과정을 넘어 출시된 이후에도 품질을 관리해야 한다는 예시다. QA 엔지니어로서 제품에 영향을 주는 더 많은 요소에 관심을 가지고 사례를 공부하여 좋은 인사이트를 보유하고 있어야 한다. 제품이 출시된 이후에도 상상도 못할 문제들로 인해 품질이 저하될 수 있음을 인지하자.

QA 엔지니어로서의 자부심 가지기

훌륭한 QA 엔지니어란 제품의 품질을 위해 자신의 역량도 갈고닦으며, 구성원들의 품질을 향한 행동도 유도할 수 있어야 한다. 그리고 조직 차원에서 품질에 대한 인식을 높일 수 있어야 한다. 수많은 사례를 이야기했지만 아직 필자 또한 실천에 옮기지 못하거나 좋은 결과를 도출하지 못한 사례들도 있다. 그러나 분명한 것은 적극적으로 품질 강화 활동을 하기 위해서는 자신의 직무에 대한 높은 자부심이 필요하다는 것이다. 자부심은 곧 적극적인 활동을 할 수 있는 기반이 되기 때문이다.

주니어 테스터와 QA 엔지니어 중 많은 사람이 자신의 직무에 대해 자부심을 갖지 못하고 있는 듯 보인다. 개발 기술을 배워 업계를 떠나려 하거나, 프로그래밍 언어와 기술을 먼저 익히려는 태도를 보이거나, 테스트 업무만 하며 자신의 성장에 대한 의심을 하거나, 테스터나 QA 엔지니어로서 어떤 역량이 필요한지 갈피를 잡지 못하는 상황에 빠진 사람들로부터 많은 고민을 듣기 때문이다.

이런 고민들을 듣다 보면 비록 오래 몸 담지는 않았어도 업계에 먼저 진출한 사람으로서 안타까움과 미안함을 느낀다. 여러분이 직무에서 가치를 찾지 못해 방황하는 이유는 개발된 제품을 테스트만 하기에도 바쁜 현실 때문이거나 주위의 테스터와 QA 엔지니어에 대한 잘못된 인식이 여러분 스스로도 직무를 오해하게 하기 때문이라고 생각한다. 많은 신입, 1인 테스터와 QA 엔지니어들의 고민을 들을 때 이들에게 가장 절실하게 필요하다고 느낀 것은 테스터와 QA 엔지니어에 대한 명확한 인식과 스스로의 소신을 가지는 것이라고 생각했다. 다만 여러분이 테스터와

QA 엔지니어의 가치에 대해 아직 깊게 생각해보지 않았다면, 필자의 경험에 기반한 사견이 잔뜩 담긴 이 책으로부터 여러분 각자의 소신을 찾을 수 있는 기회가 되길 바란다.

6

QA 엔지니어로서의
가치 알리기

    직무를 막론하고 자신의 경험을 내외부에 알리는 것은 그 사람의 역량을 올바르게 인식하게끔 한다. 때로는 자신을 알리는 활동만으로 자신을 온전히 설명할 수도 있다. 개인의 성향에 따라 현재에 만족하는 사람도 있지만, 만약 더 높은 가치를 인정받길 강렬히 희망한다면 자신의 직무에 대한 경험을 알리기 위한 활동은 큰 도움이 된다. 그 사람이 어떤 마음가짐을 가지고 있는지, 어떤 일을 해왔는지, 어떤 성과를 낼 수 있었는지 간접적으로 알 수 있기 때문이다.

    게다가 테스터와 QA 엔지니어로서 해나갈 많은 품질 강화 활동에 있어서도 마찬가지다. 주위 구성원들이 가진 품질에 대한 인식을 개선시키고 더 많은 품질 강화 활동을 성공적으로 해낸다면 여러분은 구성원들에게 신뢰받는 QA 엔지니어가 될 것이다. 거기에 더해 QA 엔지니어라는 직무를 올바르게 알게 될 것이다. QA 엔지니어가 기능 테스트 이상의 일을 하는 직무임을 알게 될 것이고, 그다음 품질 강화 활동 또한 자연스럽게 이어지며 구성원들의 협조를 받는 것도 수월해진다. 결국 구성원들로부터 더욱 수준 높은 품질 활동을 기대하게 할 것이다. 자신을 알리는 좋은 활동이 QA 업계 전반에 퍼지게 되면 테스터나 QA 엔지니어에 대해 전반적으로 인식이 개선될 것이고, 조만간 국내에서 QA 엔지니어에 대한 대우가 좋지 못하다는 편견도 나아질 것이라 기대한다.

더 많은 테스터와 QA 엔지니어 동료들에게 다양한 품질 강화 활동 사례를 전파하고 알리는 활동은 그들에게 많은 영감을 줄 수 있을 것이다. 영감을 받은 사람들 또한 자신이 하고 있는 활동을 알리고, 더 많은 사람들이 영감을 얻게 되는 선순환이 일어나면 QA 업계가 한층 더 성숙해질 것이라고 생각한다.

그러나 QA 엔지니어로서 자신의 가치를 어떻게 알려야 하는지 잘 모르는 경우도 있다. 어떤 얘기를 해야 할지, 어떻게 알려야 할지, 내 경험이 남들에게 알릴만한 가치가 있는지 같은 고민 때문에 망설이고 있을지도 모른다. 하지만 품질을 위해 어떤 활동이든 했고 성과가 났다는 것은 주위의 동료들에게 충분히 영감을 줄 수 있는 가치 있는 활동이다. 아직 어떻게 나에 대해 알릴지 모르겠다면 가장 쉬운 방법부터 시작해 차근차근 쌓아 올리는 것이 도움이 된다.

예를 들어 새로운 품질 강화 활동으로 긍정적인 성과를 냈을 때 팀 내에 인사이트를 공유하는 것만으로도 팀 동료들로부터 신뢰받는 QA 엔지니어가 될 수 있다. 한 번, 두 번 이런 활동을 하다 보면 그 후에는 스스로 방법을 터득하게 된다. 점점 더 많은 사람들이 정보를 공유할 수 있는 채널을 찾아 QA 엔지니어로서 자신의 가치를 알리는 활동을 자연스럽게 하게 된다. 이렇게 만든 자료들이 쌓인다면 그것만으로도 여러분을 설명해주는 포트폴리오가 된다. 꾸준한 활동을 통해 여러분이 대외적으로 좋은 인식을 심어주는 QA 엔지니어가 될 수 있다면 자연스럽게 현재 재직 중인 기업에서도 여러분을 훌륭한 인재로 인식하게 된다. 내가 나를 알리지 않는다면 누구도 나를 알아주기 어렵다는 것을 명심해야 한다.

QA 엔지니어로서의 신뢰 쌓기

QA 엔지니어로서 신뢰를 쌓는 방법은 생각보다 멀리 있지 않다. 구성원들이 QA 엔지니어에게 거는 기대를 충족해주면 된다. 조직과 구성원들이 QA 엔지니어에게 기대하는 바는 전면에 나서서 제품의 품질을 적극적으로 향상하는 것이다. 기능 테스트는 제품의 요구사항만큼의 품질을 확보하는 최소한의 수단이다. 더 다양한 영역에서 품질 강화 활동을 성공적으로 해내어 기대 이상으로 품질을 향상했을 때 비로소 구성원들은 QA 엔지니어를 신뢰한다.

품질 관련 업무에서는 QA 엔지니어가 단호하고 적극적으로 주도권을 가지고 행동해야 한다. 간혹 QA 엔지니어가 자신의 역할을 잘 알지 못하거나 업무에 소극적인 태도로 임하는 경우, QA 엔지니어의 업무가 다른 구성원에게 맡겨지기도 한다. 테스트 일정, 범위, 수단, 툴 등은 다른 구성원들에게 도움이나 조언을 받을 수는 있으나, QA 엔지니어가 결정하고 책임져야 한다. QA 엔지니어는 자신의 목표와 역할을 명확히 인지하고 단호하게 행동하여 그 결과에 책임감을 가져야 한다.

품질에 대한 역할을 확실히 맡고 있다면 그 후에는 적극적인 품질 강화 활동을 해야 한다. 팀이나 조직의 여러 가지 품질 저해 요소를 파악하고 원인을 분석한다. 그리고 그것을 해결하여 제품이 더 나아진 모습을 확실하게 보여주어야 한다. 그렇게 된다면 구성원들은 품질 업무에 대해서 여러분을 신뢰하고 온전히 맡기게 될 것이다. 신뢰받고 있는 환경으로부터 QA 직무에 대한 인식이 개선되고 자유롭게 품질 강화 활동을 해나갈 수 있는 발판이 된다.

품질 강화 활동을 성공적으로 해냈다면 그것에 대한 결과를 구성원들에게 공유하는 것이 좋다. 어떤 활동을 해서 어떤 부분이 얼마나 좋아졌는지 데이터로 보여줌으로써 자신의 경험과 역량을 알려줄 수 있다. 이미 여러분을 신뢰하고 있는 구성원들에게 더욱 높은 신뢰를 심어줄 수 있는 아주 좋은 방법이다. 그러나 안타깝게도 많은 QA 엔지니어가 자신이 수행한 활동의 결과를 잘 알리지 않는다. QA 엔지니어로서 품질을 향상하는 업무는 당연한 일인데 그것을 알리는 것이 마치 과시하는 것처럼 어색할 수도 있다. 하지만 그렇게 생각할 필요는 없다. 구성원들과 함께 만드는 제품에 대해서 QA 엔지니어가 품질 강화 활동을 한 결과 제품이 얼마나 더 좋아졌는지 모두 궁금해하고 있을 것이다. 자신의 경험을 공유하는 것은 자신의 경험과 역량을 알리는 의미도 있지만, 제품이 얼마나 더 우수해졌는지 알려주는 하나의 장치가 된다.

신뢰받는 QA 엔지니어로 성장하기 위해서는 자신이 알고 있는 것이 정답이 아니라는 생각이 저변에 깔려 있어야 한다. 많은 제품과 사례를 끊임없이 조사하고 학습하여 그중 자신이 처한 상황에서 선택할 수 있는 최선의 방법을 선택할 수 있어야 한다. 이를 위해서 먼저 QA 엔지니어라는 직무에 대해 명확하게 이해하고 있어야 한다. 자신의 역할을 알고 있는 상태에서 적극적으로 임할 때 올바른 노력과 그에 걸맞은 결과가 도출되기 때문이다.

자신의 직무를 명확히 이해했다면 직무에 대한 이론과 실무 또한 충분히 학습하여 숙련되어 있어야 한다. 직무를 수행하기 위한 지식과 역량이 부족한 상태에서는 적극적인 활동을 통해 좋은 결과를 도출하기도 어려울뿐더러 동료들에게 신뢰받지 못하는 QA 엔지니어는 자신의 직무를 위해 적극적인 활동을 하는 데 제약이 생기기 마련이다.

결국 자신의 직무에서 본질을 잊지 않고 목표를 달성하기 위해 옳은 방향으로 꾸준히 노력한다면 인정받고 신뢰받는 인재가 될 수 있다는 이야기다.

테스트 너머의 QA 엔지니어링

QA 엔지니어의 성과

많은 QA 엔지니어들에게 듣는 또 다른 고민 중 하나는 QA 엔지니어의 성과는 어떻게 만들어낼 수 있냐는 것이다. QA 엔지니어의 성과 측정을 어려워하는 이유는 다음과 같다. 함께 일하는 다른 직무의 구성원들은 제품을 만들어가며 가시적인 성과를 보인다. 만들어진 제품이나 제품을 통해 유입되는 고객, 벌어들인 수익, 사용성 등이 대표적인 예일 것이다. 그에 반해 QA 엔지니어는 무언가를 만들어내는 직무가 아니며, 기업의 수익과 직접적인 연관이 없는 직무라고 생각하기 때문이다.

때로 QA 팀은 생산적이지 않은 조직이기 때문에 다른 직무의 구성원들과 같은 기준으로 성과를 측정할 수 없다는 말도 한다. 하지만 QA 팀 또한 제품을 만들어가는 과정에서 함께 일조하는 조직이다. 품질이 더 좋은 제품을 만들기 위해 생산성을 고민하는 팀이 생산적인 조직이 아닐 수 없다. 그럼에도 QA 엔지니어는 분명 다른 직무의 구성원들과 동일한 기준으로 성과를 측정할 수는 없다. 보통 기업이 추구하는 바는 최소의 비용으로 최대의 효과를 내는 것인데 반해, QA 엔지니어는 비용을 좀 더 쓰더라도 최고의 품질을 가진 제품을 만드는 것을 추구하기 때문이다. 그러나 이 책에서 여러 번 말했듯이 QA 엔지니어도 궁극적으로는 기업의 이익을 위한 제품을 함께 만들어가는 사람이다.

기업과 추구하는 바가 달라 보인다고 해서 성과가 없는 것은 아니다. QA 엔지니어는 QA 조직의 목적에 맞는 목표 설정과 그것을 달성하는 것이 성과라고 할 수 있다. 따라서 QA 조직의 목적이 무엇인지 먼저 파악할 필요가 있다. 이와 관련해서는 4장에서 자세하게 다룬 바 있다. 잘 생각해보면 기획자와 디자이너도 직접 제품을 개발하는 사람들이 아니다. 그런데 그들은 어떻게 구체적인 성과를 측정할 수 있을까? QA 엔지니어의 성과가 제품을 직접 만들지 않기 때문에 측정하기 어려운 것이라면 그들의 성과도 눈으로 보이는 제품이 아니기 때문에 측정하기 어려울 것이다. 그러나 유독 QA 엔지니어에게 성과에 대한 고민이 생기는 이유는 좋은 QA 엔지니어가 되기 위해 어떤 종류의 목표와 성과를 측정해야 하는지 명확하게 알지 못하기 때문이다.

이런 고민을 하는 QA 엔지니어가 정리한 성과를 보면 'XX 프로젝트에 참여하여 주도적으로 QA 수행', '버그 n개를 발견하여 품질 안정에 기여', 'XX 프로젝트 결과 n%의 신규 유저 유입'과 같이 QA 엔지니어의 업무적 역량을 판단하기 어려운 내용이 적혀 있다. 'QA 수행'이라는 것만으로는 QA 엔지니어로서 어떤 성과를 이뤄냈는지 알 수 없다. 또한 그것이 테스트를 수행했다는 의미가 되어서는 절대 안 된다. 특히 이직을 목표로 하고 있다면 'QA 수행'과 '테스트 수행'을 혼용하여 작성하는 순간 QA 엔지니어로서의 기본기를 의심하게 된다.

버그를 얼마나 발견했는지 또한 QA 엔지니어로서 매력적인 성과는 아니다. 모든 테스터와 QA 엔지니어는 버그를 발견하는 업무를 수행하기 때문에 이는 특별한 역량이 아니며, 동일한 제품이더라도 버그의 개수는 조직의 문화, 테스트 업무의 프로세스, 제품, 개발자, 테스터, QA 엔지니어의 특성에 따라 천차만별이기 때문이다. 단순히 버그의 개수를 지표로 삼기보다는 얼마나 치명적인 버그를 어떻게 발견하였는지 설명하는 것이 더 매력적으로 보일 것이다. 또 QA 엔지니어로서 테스트 업무만 강조하는 것 역시 좋지 않다. 프로젝트 결과 'n%의 신규 유저 유입'

과 같은 성과는 QA 엔지니어 성과의 좋은 예시라고 하기엔 다소 애매하다. 신규 유저가 유입된 결과는 제품에 얽힌 많은 요인들이 작용하여 만들어지기 때문이다. 프로젝트의 성공적인 완수를 성과로 제시하고 싶다면 '해당 프로젝트를 진행하는 과정에서 품질이나 사용성을 어떤 방식으로 개선한 결과, 신규 유저가 n% 유입되었다'와 같이 작성하는 편이 좋을 것이다.

QA 엔지니어의 성과를 큰 틀에서 정리하자면 '제품의 품질이 얼마나 더 나아졌는가?'다. 치명적인 버그를 사전에 얼마나 차단했는가, 팀의 생산성이 얼마나 좋아졌는가, 동료들의 품질 인식은 얼마나 개선되었는가, 테스트의 효율이 얼마나 개선되었는가 등 그 외에 여러분의 활동으로 제품, 개인, 팀, 조직, 고객에게 어떤 긍정적인 영향이 발생했는지가 모두 QA 엔지니어의 성과가 될 것이다.

성과를 측정하기 위해 다시 한번 강조할 것은 데이터다. QA 업무는 다른 직무에 비해 눈에 잘 드러나지 않는다. 그렇기 때문에 QA 엔지니어는 자신의 성과를 입증하기 위해 더 많은 데이터를 활용해야 한다. 목표를 달성하기 위해 여러 가지 활동을 할 텐데 그 결과를 데이터로 관리해야 한다는 것이다. 수치 데이터 없이 측정된 성과는 그 결과가 명확하지 않아 신뢰를 줄 수 없고, 타인이 성과를 보았을 때 얼마만큼의 성과인지 와닿지 않기 때문이다. 따라서 성과를 측정하기 위한 활동에는 수치적인 데이터가 필요한데, 활동에 대한 결과를 측정해야 하기 때문에 활동 전후의 데이터가 모두 필요하다.

- 테스트 시점을 기획 단계로 앞당겨 조기 버그 검출률 30%에서 60%로 약 30% 향상
- 체크리스트를 도입하여 개발자 테스트를 고도화한 결과, 개발 후반 버그 발생률 약 20% 감소
- API 테스트 스크립트를 작성하여 현재 약 20%의 API에 대한 자동화 테스트 구축
- 요구사항 리뷰 프로세스 고도화 결과, 요구사항 관련 버그 약 15% 감소
- E2E 자동화 스크립트 작성 코칭으로 팀 내 자동화 테스트 활동 기반 마련
- 주요 서비스 페이지 모니터링 스크립트를 개발하여 24시간 모니터링하는 시스템 마련, 2M/M 가치 발생
- 팀 내 지식 공유 활동으로 팀원 역량 향상

▲ QA 엔지니어의 성과 예시

성과를 측정하기 위한 데이터에는 활동을 위해 소비한 리소스의 데이터와 활동의 결과로 인해 개선된 요소의 데이터가 있을 것이다. 소비한 리소스 데이터의 대표적인 예시는 문제를 해결하기 위한 사례를 조사하는 데 사용된 시간, 툴이나 언어, 배경지식에 대한 학습 시간, 문제 해결 활동을 위한 준비 시간과 실제로 활동한 시간, 활동을 완료함으로써 정리 및 보고하는 시간 등이다. 이 과정에서 유료 도구를 사용했다면 라이선스 비용도 발생할 것이다. 이런 리소스를 소비하여 문제가 얼마나 해결되었는지, 그로 인한 가치가 얼마나 발생했는지 등을 수치적으로 계산하여 구할 수 있다면 제삼자의 입장에서 봐도 얼마만큼의 성과를 만들어냈는지 공감할 수 있다.

QA 엔지니어의 포트폴리오

주위에서 'QA는 포트폴리오를 작성할 만한 거리가 없다'라는 말을 생각보다 자주 듣는다. 주니어로부터 듣기도 하지만 이미 경력이 있는 숙련된 QA 엔지니어에게서도 자주 듣는 말이다. 이직 시장에서 포트폴리오란 자신의 경력이나 경험, 역량을 보여줄 수 있는 문서를 말하는데, QA 엔지니어에게 포트폴리오 작성 거리가 없다는 말은 'QA 엔지니어는 남들에게 보여줄 뚜렷한 경력이나 경험, 역량이 없다'라는 말과 같다. 이것은 자신의 가치를 어떻게 알려야 할지 몰라 발생하는 대표적인 현상 중 하나일 것이다.

어쩌면 포트폴리오라는 것 자체를 반드시 무언가를 만들어내야만 작성할 수 있는 문서라고 생각할 수도 있다. QA 엔지니어도 엄연히 품질에 대한 업무와 그 성과가 존재하므로 그것을 중점으로 작성한다면 대표적인 산출물은 TC일 것이다. 임의의 제품에 대해 모의 TC를 작성하여 포트폴리오에 넣으면 자신이 어떤 관점에서 테스트를 설계하는지, 어떤 기본기를 갖추고 있는지, 어떤 지식을 가지고 있는지 보여줄 수 있다. 이처럼 QA 직무 목적에 맞는 포트폴리오를 작성할 수 있으며 자신의 포트폴리오를 꾸준히 작성하고 관리하는 사람은 이직 시장에서 크게 돋보이게 된다. 그러나 잘못된 방향으로 작성된 포트폴리오는 오히려 역효과를 낳는다. 근거와 데이터 없이 주장하는 역량, QA 엔지니어로서 매력적인 장점이 보이지 않는 내용, QA 엔지니어 업무 내용과 무관한 학습이나 경험 등은 오히려 역량과 마인드셋에 대한 의심을 키우는 등 좋지 않은 영향을 준다.

QA 포트폴리오의 중점적인 내용은 자신의 역량에 대한 소개와 함께 그것을 이용한 품질 개선 경험이 되어야 한다. 수치적인 데이터로 근거를 마련하는 것도 빠져서는 안 된다. 다음으로, QA 엔지니어의 포트폴리오에 작성되는 대표적인 항목들을 예시로 들어 어떤 관점으로 포트폴리오를 작성해야 하는지 이야기해보겠다.

테스트 툴 활용 역량에 대해 소개할 때는 해당 툴을 실무에서 어느 수준으로 사용할 수 있는지, 툴을 사용한 결과 품질 관점에서 어떤 요소가 얼마나 개선되었는지 알려주는 내용을 함께 작성해야 한다. 너무 구체적인 내용을 적기 어렵다면 수치 데이터를 이용해 직관적으로 이해할 수 있도록 한다. 만약 툴을 단순히 학습하는 정도에 그쳤다면 그 툴의 어떤 장점이 제품의 품질에 도움이 될 것이라 생각해서 선정하게 되었는지 같은 내용도 함께 기술하면 좋다. 툴을 학습한 뒤 실무에 적용하지 않았다면 어떤 한계로 우리 제품이나 조직에 맞지 않아 적용하지 않았는지도 명확하게 준비해두는 것이 좋다.

QA 포트폴리오에 프로그래밍 언어를 학습한 내용을 작성하기도 하는데, 이 경우 테스팅과 QA 엔지니어링의 지식이 아직 숙달되지 않았다면 품질보다 기술에 열중하는 모습으로 비칠 수 있다. 아직 QA 업무 본질에 대해 더 깊이 있는 학습이 필요한 경우 기술에 대한 내용은 너무 자세히 작성할 필요는 없다. 또한 기술을 학습하는 목적도 테스팅과 QA 업무에 도움을 주는 방향이어야 한다. 제품의 품질을 위해 어떤 목적으로 프로그래밍 언어를 학습했는지, 품질 업무에 적용한 사례가 있는지, 어떻게 적용했고 어떤 품질 요소가 얼마나 개선되었는지 같은 근거가 함께 작성되어 있지 않다면 프로그래밍 언어를 학습했다는 경험은 QA 엔

테스트 너머의 QA 엔지니어링

지니어의 업무와는 다소 거리가 있는 내용이 된다.

테스트 자동화 역량 또한 마찬가지로 테스팅과 QA 엔지니어링에 대한 역량이 먼저 갖춰진 후에 식별하게 된 문제를 해결하기 위한 목적으로 그 결과가 품질 관점에서 납득할 수 있어야 좋은 포트폴리오의 내용이 된다. 테스트 자동화를 도입하게 된 배경과 해결하고 싶었던 문제, 그리고 도입함으로써 얻게 된 품질 관점의 이익을 수치적으로 명시해야 한다.

거기에 더해 테스트 자동화는 유지보수라는 큰 허들을 가지고 있다. 많은 기업들도 테스트 자동화를 시도하지만 결국 유지보수라는 벽에 부딪히고 만다. 따라서 유지보수에 필요한 리소스를 어떤 방법으로 최소화 했는지, 어떻게 꾸준히 유지할 수 있는 자동화를 유지보수할 수 있었는지, 자동화 코드를 어떤 구조로 설계하여 효율적으로 구현했는지가 기업들의 관심사일 것이다. 이러한 궁금증을 해결할 수 있는 내용이 함께 담겨 있다면 테스트 자동화에 대한 좋은 포트폴리오가 된다.

지금까지 소개한 예시는 자신이 어떤 역량과 경험을 보유하고 있는지에 대한 내용이다. 이 외에도 자신이 보유하고 있는 역량에 대해 소개할 때는 해당 역량이 품질 관점에서 어떤 도움을 줄 수 있기에 갖추게 되었는지, 실제로 얼마만큼의 개선을 이뤄낼 수 있었는지를 중점으로 작성해야 한다. 제품의 품질과 깊은 연관이 없다면 QA 엔지니어로서 의미 있는 역량이 아니기 때문이다.

QA 엔지니어로서 품질 강화를 위해 시도했던 많은 활동도 좋은 포트폴리오의 내용이 될 수 있다. 예를 들어 전문성을 기르기 위한 강의 수강이나 스터디 이력, 품질 강화 활동 사례 등이 대표적이다. 활동의 목적, 어떤 활동을 했는지, 그로 인한 결과는 어땠는지, 무엇이 개선되었는지, 무엇을 배웠는지를 잘 알 수 있도록 수치 데이터와 함께 근거를 들어 작성하는 것이 좋다.

QA 엔지니어가 하는 모든 활동이 언제나 성공적일 수 없다. 하지만 성공하지 못한 활동이더라도 그 과정을 통해 분명히 배운 점이 있을 것이다. 문제를 해결하기 위해 시도했던 방법이 실패로 끝난 과정을 회고하며 무엇 때문에, 왜 실패했는지, 다음에 같은 문제를 마주친다면 어떻게 해결해야 하는지 같은 교훈을 얻을 수 있다. 비록 실패했으나 사람들에게 좋은 인상을 줄 수 있는 활동과 배운 점이 있다면 이 또한 포트폴리오의 좋은 내용이 된다. 무엇보다 성공이나 실패 사례만을 늘어놓기보다 다양한 시도로부터 내가 무엇을 배웠는지 정리하는 것도 중요하다.

사람의 기억력은 무한하지 않다. 시간이 지나면 우리가 했던 활동들의 세부적인 내용이나 첨언하고 싶었던 좋은 교훈들이 잊힐 수 있다. 따라서 포트폴리오를 준비한다면 시도했던 활동 중 주요 내용들은 데이터와 함께 정리해두는 것이 좋다. 꼭 글의 형태일 필요는 없다. 어떤 내용이었는지 기억날 수 있도록 사진을 찍어 이미지로 저장해두어도 좋다. 다만 반드시 기억해야 하는 사실들은 짧게 메모를 해두면 도움이 된다. 필자의 경우 블로그에 포스트 형태로 정리하고 있는데, 포스트가 쌓이면 그 자체로 포트폴리오가 될 수 있다는 장점이 있다. 이미지, 짧은 글, 포스트 등 형태와는 관계없이 기억하기 수월한 방법으로 꾸준히 정리하는 것이 중요하다.

개발자를 위한 체크리스트를 작성하는 방법과 예시

개발자는 요구사항을 구현한 제품을 가장 먼저 경험하게 된다. 그리고 제품을 직접 구현해내는 주체다. 따라서 개발자 테스트를 성실히 수행한다면 제품이나 모듈이 더 큰 제품과 결합하기 전에 빠르게 리스크를 발견하여 제거할 수 있다.

그러나 개발자의 본 업무는 개발이라는 사실을 잊어서는 안 된다. 그들의 본 업무인 개발에 영향을 줄 정도로 많은 테스트를 요구하면 안 된다. 체크리스트를 제공하는 궁극적인 목적은 개발자가 자신이 만든 제품에 대해 기본적인 테스트를 수행하여 요구사항에 부합하는 최소한의 품질을 보장받는 것이다. 그들에게 과한 요구를 하여 테스트에 대한 반발심을 가지게 하는 것은 오히려 성실한 테스트 수행을 거부하게 만든다.

그리고 체크리스트에 작성된 항목이 기획의 의도를 제대로 담고 있

테스트 너머의 QA 엔지니어링

지 못한 경우 개발자 테스트가 완전히 의미를 잃을 수도 있다. 따라서 체크리스트를 작성하기 전에 기획에 대한 의도를 명확하게 이해하고 기획의 허점을 채워두어야 한다. 기획에 대한 보완과 이해가 완료된 후에 개발자를 위한 체크리스트 작성을 시작할 수 있다. 혹여 시간이 부족한 경우 체크리스트를 작성하면서 기획에 대한 보완과 이해를 동시에 진행할 수도 있다. 다만 이렇게 될 경우 한 번 작성했던 체크리스트를 여러 번 수정하게 될 것이다. 수정이 필요하다는 것을 염두에 두고 초안을 충분히 유연하게 작성하는 것이 좋다.

TC는 처음 보는 사람이라도 누구나 쉽게 따라 할 수 있도록 상세하게 작성하는 것이 좋지만 체크리스트는 그렇지 않다. TC와는 목적이 다르다는 것을 명심하자. 체크리스트는 간단하고 빠르게 수행할 수 있도록 작성하는 것이 좋다. 간단하게 한 줄로도 체크해야 할 항목의 목적과 기대 결과를 알아볼 수 있게 작성해야 한다. 해당 기능을 직접 개발한 사람들이 수행하는 간단한 테스트이므로 체크리스트를 수행하기 위한 스텝을 이미 알고 있을 가능성이 높다. 따라서 스텝을 상세하게 모두 작성할 필요는 없다. 게다가 이렇게 작성한 체크리스트는 차후 TC를 작성할 때 기반 문서로 활용할 수도 있다.

이런 요소들을 고려할 때 개발자를 위한 체크리스트에 포함되어야 하는 항목은 다음과 같다.

1. 기본적인 요구사항에 대한 기대 작동
2. 디자인 요구사항에 부합하는 UI
3. 우선순위가 높은 버그가 발생할 것으로 예상되는 항목
4. 개발자가 자주 만들어내는 실수에 대한 점검 포인트
5. 체크리스트 수행하는 사람이 알고 있어야 할 간단한 메모

다음 항목들은 체크리스트에 포함되지 않는 것이 좋다.

1. 너무 복잡한 스텝을 가진 테스트 케이스
2. 너무 상세한 예외사항에 대한 테스트 케이스
3. 작업 항목 중 우선순위가 매우 낮은 예외 항목
4. 현재 개발하고 있는 작업 외의 항목
5. 체크리스트와 연관이 없어 혼동을 줄 수 있는 내용

다음은 사칙연산 계산기에 대한 기획으로부터 체크리스트를 도출하는 예시다.

사칙연산 계산기 기획서

1. 계산기는 숫자를 입력받을 수 있다.
2. 계산기는 +, −, *, / 연산자에 대한 계산을 수행할 수 있다.
3. 계산기는 숫자와 연산자를 입력받은 뒤 추가 숫자를 입력받을 수 있다.
4. 계산기는 숫자와 연산자를 입력받은 뒤 연산 결과를 보여준다.

이와 같은 기획서가 작성되었다면 가장 먼저 해야 할 활동은 기획을 리뷰하고 부족한 설명과 허점을 보완하기 위해 논의하는 것이다.

위의 기획서를 보았을 때 다음과 같은 항목들에 대한 논의가 필요할 것이다.

사칙연산 계산기 기획서

1. 계산기는 숫자를 입력받을 수 있다.

   A. 입력받을 수 있는 숫자의 범위는? 정수, 음수, 소수 등 모두 입력이 가능한가?

   B. 숫자 외의 입력을 막는 방법은?

   C. 숫자 외의 입력이 발생했을 때 노출될 UI에 대한 결정이 필요하다.

   D. 몇 자리의 숫자까지 입력을 받을 것인가?

   E. 큰 단위의 숫자를 입력받은 경우 단위를 줄여서 표시해줄 것인가?

2. 계산기는 +, −, *, / 연산자에 대한 계산을 수행할 수 있다.

   A. 그 외의 연산자 입력을 막는 방법은?

   B. 그 외의 연산자를 입력했을 때 노출될 UI에 대한 결정이 필요하다.

3. 계산기는 숫자와 연산자를 입력받은 뒤 추가 숫자를 입력받을 수 있다.

   A. 최대 추가 입력은 몇 번으로 제한할 것인가?

   B. 최대 추가 입력은 제한 없이 받을 수 있는가?

4. 계산기는 숫자와 연산자를 입력받은 뒤 연산 결과를 보여준다.

   A. 연산의 결과는 정확한가?

   B. 숫자를 모두 입력했다는 판단은 어떻게 할 것인가?

   C. 보이는 연산 결과의 범위는? 정수, 음수, 소수 등 모두 출력이 가능한가?

   D. 연산 결과는 몇 자리의 숫자까지 출력할 것인가?

   E. 연산 결과가 너무 길어 출력 창에 보이지 않고 잘리는 숫자는 어떻게 처리할 것인가?

5. 비기능 특성

   A. 복잡한 연산 결과는 몇 초 내에 완료되어야 하는가?

   B. 계산기는 어떤 OS를 지원할 것인가?

   C. 계산기가 언제나 정확한 결과를 보여주는가?

   D. 계산기의 사용이 얼마나 편리한가?

   E. 키보드, 마우스로 입력이 모두 가능한가?

   F. 남녀노소, 장애인, 비장애인, 외국인 등 모두가 사용하기 쉬운가?

   G. 계산기의 UI는 얼마나 보기 좋은가?

위와 같은 내용에 대해 논의를 마치고 결론이 도출되었다면 그 결과를 체크리스트 항목으로 작성할 수 있다.

대분류	중분류	소분류	체크리스트	기대 결과
계산기	데이터 입력	숫자 입력	정수 입력	입력 가능
			음수 입력	입력 가능
			소수 입력	입력 가능
			숫자 15자 입력	입력 가능하며 단위 줄임 없이 입력한 대로 보여짐
			숫자 16자 입력	입력 불가
		연산자 등 특수문자 입력	마침표(.), 연산자 제외 특수문자 입력	입력 불가
			+ 연산자 입력	입력 가능하며 더하기 연산 대기상태로 전환
			- 연산자 입력	입력 가능하며 빼기 연산 대기상태로 전환
			* 연산자 입력	입력 가능하며 곱하기 연산 대기상태로 전환
			/ 연산자 입력	입력 가능하며 나누기 연산 대기상태로 전환
		입력값 제거	정수 입력 후 backspace 입력	마지막에 입력한 숫자가 지워진다
			음수 입력 후 backspace 입력	마지막에 입력한 숫자가 지워진다
			소수 입력 후 backspace 입력	마지막에 입력한 숫자가 지워진다
	연산 결과 확인	더하기 연산	정수 + 정수 연산	더하기 연산 결과가 완료되어 결과가 노출
			정수 + 음수 연산	더하기 연산 결과가 완료되어 결과가 노출
			정수 + 소수 연산	더하기 연산 결과가 완료되어 결과가 노출
...	...	...		

▲ 사칙연산 계산기의 기획을 검토한 결과로 작성한 체크리스트 예시

예시에서 알 수 있듯이 체크리스트와 기대 결과가 TC에 비해 굉장히 간단하다. 상세한 스텝이나 기대 결과가 없으며, 다양한 예외 케이스도 작성되어 있지 않다. 하지만 이렇게 간단하게 작성되어야 개발자도 본 업무에 영향을 받지 않으면서 원활하게 테스트도 수행이 가능할 것이다.

체크리스트로 기대하는 점은 요구사항에 부합하는 최소한의 품질을 보장하는 것이다. 하지만 장기적으로는 개발자들 스스로 기본적인 테스트를 할 수 있는 역량을 갖추는 것이다. 체크리스트와 테스트 수행에 익숙해진 개발자들에게 추가로 체크리스트를 직접 작성하는 방법을 알려주고 체크리스트를 스스로 작성할 수 있게 한다면 QA 엔지니어는 체크리스트를 작성하고 기본 기능 테스트를 하는 시간을 절약해 더 높은 수준의 품질 강화 활동을 하는 데 활용할 수 있을 것이다. 그로 인해 제품의 품질 또한 높아지게 된다.

필자가 다른 직군의 동료에게 체크리스트 작성 방법을 가이드했을 때 너무 상세한 내용까지 작성하기를 바란다는 피드백을 받은 적이 있다. 필자 나름대로 간소화한 체크리스트였으나, QA 엔지니어의 기준에서 간소화한 문서도 다른 직군의 동료에게는 부담이 될 수 있다는 것을 알게 되었다. 따라서 체크리스트는 필요에 따라 얼마든지 유연하게 작성될 수 있다는 점을 염두에 두고 설계하는 편이 좋다. 예를 들어 대분류, 중분류, 소분류 등의 규격은 다른 직군의 동료에게는 분류 기준부터 큰 허들이 될 수도 있다. 체크리스트에서 가장 중요한 체크포인트와 기대결과는 반드시 포함되어야 한다는 점은 잊지 말아야 한다.

QA 업무 시 많이 사용하는 도구

다음으로, 필자가 QA 업무에서 자주 활용하는 도구에 대해 소개한다.

Fiddler/Charles

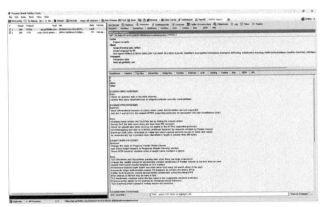

HTTP, HTTPS 트래픽을 모니터링하고 분석할 수 있는 프록시 툴로 서버와 주고받는 요청/응답값을 임의로 변경하거나 네트워크 지연 등을 발생시킬 수 있다. 예를 들어, 1000개 이상의 댓글이 달린 경우 댓글의 개수를 999+로 표시하는 기능을 테스트할 때 실제로 댓글을 1000번 작성하지 않고도 서버에서 전달되는 댓글의 개수를 임의로 1000개 이상으로 조작할 수 있다.

Postman

API 개발, 테스팅 도구로 API를 호출하고 응답을 받아 결과를 확인할 수 있다. API 요청 전/후에 실행할 스크립트를 작성하여 API에 대한 테스트를 수행한다. 이런 테스트 스크립트는 추출하여 독립적으로 사용하거나 뒤에 나오는 Jenkins 등 다른 도구와 함께 활용하여 API 자동화 테스트를 구축할 수 있다.

　　　　　　　　　　　　　　　테스트 너머의 QA 엔지니어링

Python

프로그래밍 언어로 Requests 모듈을 이용해 크롤링, 스크래핑, 서비스 모니터링, API 테스트가 가능하며 Faker 모듈로 대량의 테스트 데이터 생성이 가능하다. Selenium, Playwright 등의 프레임워크와 함께 사용하여 UI 자동화 테스트를 구축할 수 있다. 그 외에도 데이터나 이미지를 분석하는 라이브러리와 프레임워크를 제공한다.

Selenium

웹 애플리케이션 자동화 테스트를 구축할 수 있는 프레임워크로 Chrome, Edge, Firefox, Safari 등 다양한 브라우저와 Python, Java, Javascript, R 등의 다양한 언어를 지원한다. Selenium은 모든 기능이 무료로 제공되며 E2E 자동화 테스트를 위한 가장 대표적인 툴이다. Coded 방식과 Recording 방식을 모두 지원한다.

GitHub

소프트웨어 개발 프로젝트와 코드의 버전을 관리할 수 있는 플랫폼으로 협업 환경을 제공한다. E2E 자동화 테스트 코드를 관리하며 여러 명의 사람들과 공동으로 작업을 진행할 수 있다. Github Actions 스크립트를 사용한다면 새로운 버전의 제품 빌드, 배포 시 자동화 테스트 코드를 실행하도록 하는 조건을 설정할 수 있다.

Jenkins

CI/CD 파이프라인을 제공하는 툴로서 빌드, 배포, 테스트 자동화에 활용할 수 있다. 자동화 테스트 코드를 실행하는 트리거를 설정하거나 특정 날짜, 특정 시간에 자동화 테스트를 실행하도록 조건을 걸 수 있다. 자동화 테스트를 실행한 결과를 외부에 전송할 수 있는 기능을 제공하여 테스트 결과를 쉽게 수집할 수 있다.

테스트 너머의 QA 엔지니어링

Autohotkey

    단축키를 이용하여 마우스, 키보드 입력을 매크로화할 수 있는 스크립트 언어로, Windows OS만 지원한다. 반복되는 마우스 입력, 키보드 입력을 자동화할 수 있으며 스크립트가 비교적 간단하고 관련 커뮤니티에도 정보가 많아 긴급하게 자동화 테스트 스크립트를 구현해야 할 때 유용하게 활용할 수 있다.

MobaXterm

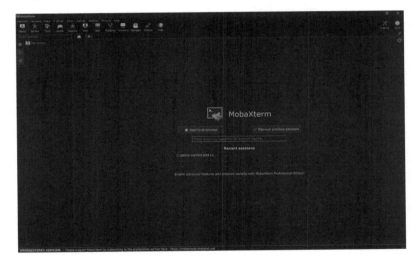

다양한 원격 네트워크 프로토콜을 지원하는 터미널 프로그램으로 원격 컴퓨팅에 사용된다. 테스트 서버에 접속하여 서버 단에서의 작동을 검증하는 데도 사용할 수 있으며 자동화 코드를 배포한 서버에 접속하여 테스트 코드를 관리할 수도 있다.

3utools

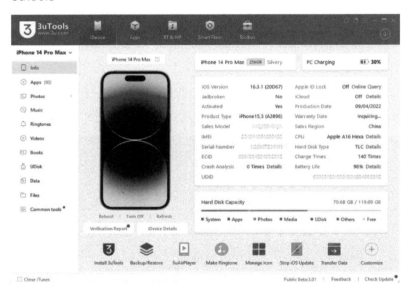

iPhone, iPad 단말을 관리하는 도구로 PC와 연결하여 단말기에 존재하는 데이터나 파일, 앱 등을 손쉽게 관리할 수 있다. 그 외에도 테스트에 필요한 UDID나 iOS Version, IMEI 등의 정보를 한곳에서 편리하게 모아볼 수 있는 기능을 제공한다.

Xmind

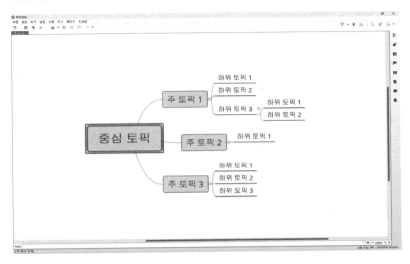

　　마인드맵, 브레인스토밍을 위한 도구로 기획 정리, 기능 정리, 테스트 설계에 주로 활용된다. 무료 요금제부터 사용이 가능하며 무료로 사용하는 경우 대부분의 고급 기능은 사용이 불가능하나 마인드맵, 브레인스토밍 활동을 위한 기능은 무료 요금제에서도 충분히 활용이 가능하다.

Obsidian

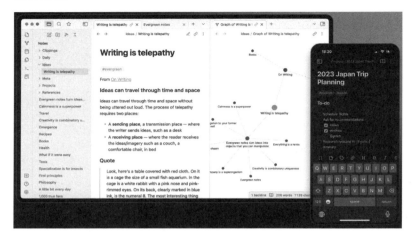

　메모 관리 도구로 마크다운 기반의 노트다. 무료 요금제로도 여러 단말기에서 동기화를 지원하며 유저들이 제공하는 다양한 커뮤니티 플러그인을 통해 노트에 필요한 기능을 추가로 설치할 수 있다. 노트 간 연결과 그래프 뷰를 지원하여 기능 간 영향 범위를 시각적으로 확인할 수 있다.

WinMerge

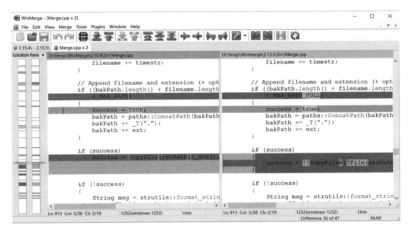

파일, 디렉터리를 비교하는 도구로 두 개의 파일이나 디렉터리의 차이를 시각적으로 보여주고 병합할 수 있다. 주로 이전 버전과 현재 버전의 문서 비교, 코드 비교를 통해 어떤 영역이 달라졌는지, 영향 범위를 파악하는 데 사용된다.

테스터와 QA 엔지니어를 위한 커뮤니티

STEN: www.sten.or.kr/

소프트웨어 테스트 관련 교육, 자격증, 세미나, 컨설팅 등의 서비스를 제공하는 웹사이트로 소프트웨어 테스트에 대한 자료와 교육을 제공한다. 그 외에도 테스팅 용어사전, 스터디, 구인구직, 전문서적 등의 자료를 확인할 수 있다.

네이버 카페: cafe.naver.com/swtester

    소프트웨어 테스터와 QA 엔지니어를 위한 네이버 카페로 16,000명 이상의 회원이 있으며 직무에 대한 질문/답변, 자격증 정보, 테스트 도구 정보, 자료, 온/오프라인 모임 등을 제공하는 커뮤니티다.

QA 코리아 컨퍼런스: www.qa-korea.com/

매년 여름에 진행되는 국내 소프트웨어 품질 엔지니어링 생태계 확장을 위한 컨퍼런스로 2024년 기준 제3회 QA 코리아 컨퍼런스를 진행했다. 다양한 도메인의 QA 실무자를 연사로 초청하여 서로의 지식과 노하우를 공유하는 컨퍼런스를 진행하고 QA 엔지니어링 문화 발전에 기여한다.

그 외에도 QA 직무를 가진 사람들이 모인 카카오톡 오픈 채팅방에서 많은 실무자들이 서로의 노하우와 지식을 공유하고, 건전한 커뮤니티를 형성하고 있다. 필자도 이곳에서 테스트에 대한 많은 아이디어를 얻고 있으며, 테스팅과 QA 엔지니어링 직무가 어떻게 변화하고 있는지 알수 있는 좋은 정보의 창이 되어주고 있다.

테스트 너머의 QA 엔지니어링

소프트웨어 QA 포럼: qaforum.kr/

자유게시판, 질문 답변 게시판을 이용해 테스터와 QA 엔지니어에 대한 자유로운 토론과 질문을 나누는 커뮤니티다.

오프라인 모임과 스터디를 안내하고 있으며, 많은 테스터, QA 엔지니어들이 작성한 기술 블로그를 소개하기도 한다.

QA 채용 메뉴에서는 테스터, QA 엔지니어 채용 공고를 확인할 수 있으며, 그 외에도 자료, 자격증, 도서, 행사, 강의 등 테스터와 QA 엔지니어로서 성장하기 위한 정보를 제공하고 있다.

비교적 최근 개설된 커뮤니티로, 아직 회원이 많지 않지만 테스터와 QA 엔지니어를 위한 다양한 정보를 한곳에서 제공하고 있다는 장점이 있다.

맺음말

독자분들께

여기까지 제가 생각하는 좋은 QA 엔지니어에 대한 이야기를 읽어주셔서 감사합니다.

자동화 테스트 강의를 할 때면 항상 고려해야 하는 중요한 사실이 있습니다. 자동화 테스트에 사용되는 기술은 계속해서 발전하고 변화한다는 것이죠. 제가 새롭게 알게 된 내용을 강의를 수강하시는 분들께 최대한 전달해드리기 위해서는 계속해서 기술의 변화를 추적해야 합니다. 때로는 제가 너무 뒤처진 내용을, 현재는 잘 사용하지 않는 기술을 가르쳐드렸을지도 모릅니다. 그래서 강의가 종료된 후에도 수강생분들의 질문에 최선을 다해 답해드리려 노력하고 있습니다.

그러나 이런 예측할 수 없는 수많은 변화 안에서도 변하지 않는 중요한 가치가 있습니다. 그것은 바로 언제나 품질을 고민한다는 QA 엔지니어링의 핵심 가치입니다. 제품과 기술이 변하고 트렌드가 바뀌어도 QA

테스트 너머의 QA 엔지니어링

엔지니어는 언제나 제품의 품질을 생각하며 기업과 고객을 모두 대변할 수 있는 중요한 역할을 해내야 합니다. 그들 사이에서 소통의 창구가 되어줄 수 있어야 합니다. 저는 이런 변하지 않는 가치에 대해 이야기하고 싶었습니다.

어떤 이들의 생각은 이 책의 내용과 다를지도 모릅니다. 직무에 대한 가치관은 자신이 속한 상황과 겪어온 경험에 따라 천차만별이기 때문입니다. QA 엔지니어에 대한 다양한 생각이 존재할수록 그만큼 좋은 QA 엔지니어로 성장할 수 있는 다양한 방법이 있다는 뜻일 것입니다. 하지만 아쉽게도 아직까지 테스터와 QA 엔지니어가 적극적으로 서로의 생각을 공유하는 장이 다양하게 마련되어 있지 않습니다. 그렇기에 이제 막 경력을 시작한 주니어분들은 직무에 대한 지식을 얻기 힘들어 답답한 상황을 많이 겪었을지도 모릅니다.

많은 분들이 제게 털어놓는 고민을 들어보면 '왜 이분들 주변에는 좋은 답을 해줄 수 있는 사람들이 많이 없는 걸까?'라는 생각을 하게 됩니다. 이 또한 서로의 생각을 공유하는 경험이 많이 없었기 때문이라고 생각합니다. 또한 경력이 많은 테스터와 QA 엔지니어들 역시 자신의 생각이 옳은지 확신할 수 없을지도 모릅니다. 하지만 직무에 대한 가치에 정답은 없다고 생각합니다. 저 또한 정답에 도달했다고 생각하지 않습니다. 그저 옳다고 생각한 길을 걸어가고 있을 뿐입니다.

제가 저의 길을 찾을 수 있었던 방법과 활동들을 현재도 직무에 대한 고민을 하고 계신 동료분들께 공유해드릴 뿐입니다. 만약 이 책을 읽은 여러분도 누군가의 고민을 듣게 된다면 여러분만의 QA 엔지니어에 대한 생각을 전달해주실 수 있었으면 좋겠습니다.

이 책을 집필하기로 한 계기는 제 주위에 테스터와 QA 엔지니어 직무에 대한 의심과 고민을 가진 분들이 많이 계셨기 때문입니다. 한 분 한 분께 시간을 내어 고민을 듣고 제 생각을 말씀드리고 싶지만 바쁘다는 핑계로 그러지 못했습니다. 이 기회를 빌려 죄송하다는 말씀을 드리고 싶습니다.

이런 고민들은 제 주위를 넘어 수많은 테스터와 QA 엔지니어분들이 똑같이 하고 계실 것입니다. 그렇기에 제가 옳다고 믿고 있는 내용을 이 책으로 전달해드림으로써 아직 테스터와 QA 엔지니어로서 확신과 자부심을 가지지 못하고 있는 분들께 위안이 되고, 길잡이가 되기를 바랍니다. 테스터와 QA 엔지니어가 가치 없는 직무가 아님을 알려드리고 여러분 스스로 자부심을 되찾았으면 좋겠습니다. 품질을 위해 활동해야 하는 우리가 더 적극적으로 나서야 우리의 제품이 국내를 넘어 세계에서까지 경쟁력 있는 제품으로 발돋움할 것입니다.

테스트 너머의 QA 엔지니어링을 위해

국내의 테스터와 QA가 좋은 대우를 받지 못한다는 말에 뼈저리게 동의합니다. 현재도 제 주위에 많은 테스터와 QA 엔지니어분들이 힘들어하고 계십니다. 하지만 우리도 좋은 QA로서 주위에서 기대하는 것 이상의 가치를 제공하고 있는지 생각해볼 필요도 있습니다. 국내 테스터와 QA에게 제한적인 업무가 맡겨지는 원인의 일부는 우리에게도 있다고 생각합니다.

적어도 제가 지나온 QA 엔지니어의 경력에서 우리가 어떤 가치관과 목적을 가지고 어떻게 행동해야 하는지 구체적으로 가르침을 받은 적은 없었습니다. 저 또한 QA 엔지니어가 된 후 테스트 업무만 하고 있는 현실에 고민하고 괴로워했지만 주변의 많은 상사분들로부터 쉬이 답을 구할 수 없었습니다. QA 엔지니어 직무의 본질적인 가치에 대한 정보를 쉽게 접할 수 없는 환경도 우리 스스로 우리의 직무를 올바르게 인식하지 못하도록 만드는 큰 방해요소가 될 것입니다.

이 책에서 말씀드린 구체적인 사례들은 제가 경험해온 문제점들에 기반했기 때문에 여러분들이 처한 상황과 완벽히 들어맞지 않을 수도 있습니다. 그럼에도 이 책을 읽은 여러분들이 꼭 기억하셨으면 하는 사실이 있습니다. 어떠한 사례에서도 QA 엔지니어가 가장 먼저 고민해야 할 최우선의 가치는 '품질'이라는 것입니다. QA 엔지니어부터 스스로의 품질에 대해 더 폭넓게 받아들일 수 있으면 좋겠습니다. 더 넓은 범위에서 품질을 이해하고 품질을 위해 생각하고 행동하는 것이 좋은 QA 엔지니어가 되는 최고의 방법일 것입니다. 우리의 품질을 위한 적극적인 활동으로부터 주위의 인식도 조금씩 개선될 것이라고 생각합니다. 테스트를 위한 테스트가 아닌 품질을 위한 테스트를 만들고, 품질을 위한 생각을 하는 것만으로도 좋은 QA 엔지니어로 나아가는 첫걸음이 될 것입니다.

이 세상에는 QA 엔지니어가 해야 할 일이 참 많습니다. 저절로 우리 제품의 품질을 향상하는 요소는 없기 때문입니다. 반면에 우리 제품의 품질을 저해하는 요소는 세상의 모든 단계에 존재합니다. 품질을 저해하는 요소로부터 제품의 품질을 지키는 것은 누군가는 반드시 해야 할 일입니다. 저는 그것을 QA 엔지니어가 적극적으로 나서서 해야 한다고 믿을 뿐입니다.

품질 저해 요소를 전부 제거할 수는 없겠지만 하나하나 제거해나가는 노력을 할 때 비로소 QA 엔지니어의 가치가 발하고 있는 것이라 생각합니다. 그리고 그런 경험을 서로가 서로에게 공유함으로써 더 많은 QA 엔지니어가 함께 나의 문제를 해결해주는 집단 지성이 발휘될 것이라고 믿습니다. 이런 활동으로부터 훨씬 성숙한 품질 보증의 문화, QA 엔지니어의 가치가 생겨나리라 믿습니다. 혹자는 필자의 QA 엔지니어링에 대한 생각을 보며 개인이 너무 많은 책임을 지려는 것이 아니냐고 묻기도 합니다. 하지만 QA 엔지니어는 지금 우리가 겪고 있는 품질 문제를 해결하겠다는 단 하나의 생각이면 충분합니다. 그 하나의 생각으로부터 수없이 많은 활동이 파생될 뿐입니다. 저는 궁극적으로 '누구나 테스트를 할 수 있는 조직'을 꿈꿉니다. 지금 제가 하고 있는 수많은 행동은 그것을 위한 기반 작업이 될 것입니다.

저는 여태까지의 경험을 토대로 앞으로는 팀의 동료부터 시작해 다른 직무를 가진 구성원들에게도 품질에 대한 더 많은 생각을 전달하려고 합니다. 이 책을 집필하는 것 또한 그 과정 중 하나입니다. 더 많은 사람이 QA 엔지니어에 대한 올바른 생각과 기대를 가지게 되기를 바랍니다.

감사 인사

계약직 테스터로서 경력을 시작하고 친구들과 가족들, 동료들을 붙잡고 직무에 대한 고민을 했던 것이 얼마 지나지 않은 일인 것 같은데, 지금은 QA 엔지니어로서 명확한 소신을 가지고 행복하게 일하고 있습니다. 제 자신의 가치도 충분히 인정받고 있다고 생각합니다. 과연 제가 다른 직무를 하게 되었을 때도 이렇게 행복하게 제 직무를 즐기며 일할 수 있을지 확신이 없습니다. 제가 QA 엔지니어로 일할 수 있게 된 것에

           테스트 너머의 QA 엔지니어링

다행이라는 마음을 항상 가지고 있습니다.

라온시큐어라는 기업에서 테스터로서 경력을 시작한 계기는 어이없게도 공고를 잘못 보고 지원한 덕분입니다. 백엔드 개발자 공고인 줄 알고 지원했던 것이 사실은 테스터를 채용하는 공고였던 것이죠. 이 일을 떠올릴 때마다 참 신기한 일이었다는 생각을 합니다. 잘못 지원했던 공고로부터 시작된 경력이 너무 만족스러운 직장 생활을 만들어주었으니 말입니다.

라온시큐어에서는 신입으로서 정말 귀중한 경험들을 쌓을 수 있었습니다. 테스팅에 대한 아주 높은 기준을 가지고 성실히 수행하는 동료분들 사이에서 테스트에 대한 기본을 탄탄하게 쌓을 수 있었고, 신입 테스터임에도 리눅스 서버, 윈도우 서버, DB, 다양한 종류의 단말기를 시스템 레벨까지 다뤄볼 수 있었습니다. 이후엔 자동화 테스트도 스스로 구축해볼 기회도 얻었습니다. 이 경험들은 이후로도 계속해서 QA 엔지니어로서의 아주 든든한 무기가 되어주고 있습니다. 그리고 정규직으로 전환되어 QA 엔지니어의 길을 걷게 해주기도 했습니다.

이후 원티드랩이라는 기업에서 저는 정말 많은 성장을 이뤘다고 생각합니다. 명확한 목표와 목표를 달성하기 위한 방법을 스스로 고민할 수 있는 기회들이 있었고, 작은 목표부터 하나씩 달성해나가며 QA 엔지니어로서 제 자신만의 소신을 확립할 수 있었습니다. 또한 저를 믿어주시고 다양한 품질 강화 활동들을 자유롭게 할 수 있도록 도와주신 덕분에 개인적으로도 좋은 기회를 많이 얻어 대외적인 활동에도 참여할 수 있었습니다. 그로부터 좋은 QA 엔지니어의 가치를 더 많은 사람들에게 알리자는 개인적인 목표도 설정하게 되었습니다.

아무것도 모르는 늦깎이 신입을 덥석 받아주시고 곁에서 좋은 것들만 보고 배울 수 있게 해주신 강남준 님과 라온시큐어 품질기획팀 QA 엔지니어분들, 제 인생의 가장 큰 기로에서 너무 많은 고민을 하고 있을 때 항상 명쾌한 해답으로 도움을 주시고 현재까지도 QA 엔지니어로서 제가 소신을 가지고 행동할 수 있도록 도와주신 박형준 님, 신입 시절 심적으로 많은 고통을 받고 있을 때 누구보다 옆에서 세심하게 배려해주시고 물심양면으로 챙겨주신 임동 님, 원티드랩에서 저를 믿고 응원해주시며 더 많은 활동을 자유롭게 할 수 있도록 도와주신 이승훈 님과 원티드랩 QA 팀의 QA 엔지니어분들, 취업을 준비하던 시절부터 현재까지 늘 마음의 버팀목이 되어준 김달래 님과 제 아내 박소연 님께 정말 감사드립니다. 그리고 저의 QA 엔지니어 생활에 함께했던 모든 분께 감사드립니다.

앞으로도 즐거운 QA 엔지니어 생활을 계속해서 이어갈 수 있었으면 좋겠습니다.

진솔한 서평을 올려주세요!

이 책 또는 이미 읽은 제이펍의 책이 있다면, 장단점을 잘 보여주는 솔직한 서평을 올려주세요. 매월 최대 5건의 우수 서평을 선별하여 원하는 제이펍 도서를 1권씩 드립니다!

- **서평 이벤트 참여 방법**
  ❶ 제이펍 책을 읽고 자신의 블로그나 SNS, 각 인터넷 서점 리뷰란에 서평을 올린다.
  ❷ 서평이 작성된 URL과 함께 review@jpub.kr로 메일을 보내 응모한다.
- **서평 당선자 발표**
  매월 첫째 주 제이펍 홈페이지(www.jpub.kr)에 공지하고, 해당 당선자에게는 메일로 개별 연락을 드립니다.

독자 여러분의 응원과 채찍질을 받아 더 나은 책을 만들 수 있도록 도와주시기 바랍니다.

찾아보기